DR. MED. SAMUEL PFEIFER

DIE ZERRISSENE SEELE

Borderline und Seelsorge

Die zerrissene Seele
Borderline und Seelsorge

Dr. med. Samuel Pfeifer

9. überarbeitete Auflage
(Erstveröffentlichung 1996)
ISBN 978-3-906959-52-8

Umschlaggestaltung: OHA Werbeagentur GmbH
Druck & Bindung: Finidr, s.r.o., gedruckt in Tschechien

Dieses Buch und weitere interessante Medien (Auslieferung auch in DE/AT) können Sie beziehen bei:

MOSAICSTONES, Tel. +41 33 336 00 36
info@mosaicstones.ch, www.mosaicstones.ch

Inhaltsverzeichnis

Kapitel 7

Kapitel 8

Kapitel 9

Vorwort

Der Begriff Borderline hat in den letzten vierzig Jahren eine steile Karriere gemacht. War er zuerst nur als Restkategorie für eine schwierige Patientengruppe gedacht, so merkten immer mehr Therapeuten, dass auch sie mit den schweren Leidenszuständen und therapeutischen Herausforderungen kämpften, die nun endlich einen Namen hatten: Borderline. Bald schon wurde der Begriff verbunden mit der Überzeugung: »Einmal Borderline – immer Borderline!« Borderliner – die neuen chronischen Patienten? Dieses Vorurteil hat Generationen von Therapeuten und Patienten entmutigt. Manche haben eine regelrechte Aversion gegen diese Problemkonstellation. Manchmal ist Borderline sogar zum neuen Schimpfwort geworden.

Andere haben zum Glück eine besondere Liebe zu diesen Menschen entwickelt; ein Engagement, das sie nicht aufgeben ließ, trotz Rückschlägen, suizidalen Notfällen und blutigen Selbstverletzungen. Es ist eine Gnade, wenn es einem Therapeuten geschenkt wird, hinter die dornenvolle Maske zu blicken und das Leiden und die innere Schönheit einer Person wahrzunehmen, die doch letztlich heldenhaft kämpft gegen die seelische Unruhe, die zerstörerischen Impulse, die hungrig ist nach Leben trotz der fatalen Botschaft eines Suizidversuchs.

Borderlinestörungen sind auch eine Herausforderung für die Seelsorge. Dieses Buch ist aus Referaten entstanden, die an einem Seminar der Psychiatrischen Klinik Sonnenhalde gehalten wurden. Dabei wurden bewusst ganz unterschiedliche Perspektiven eingebracht, vom psychiatrischen bis zum theologischen Blickwinkel. Die Darstellung der Probleme von Borderlinepatienten ist nicht von einer einzigen therapeutischen Schule her geprägt. So finden Sie nicht in erster Linie tiefenpsychologisch-analytische Deutungen, sondern eine vielschichtig beschreibende Darlegung der Problematik; nicht nur eine psychologische Analyse, sondern auch eine theologische Standortbestimmung; nicht nur theoretische Aspekte, sondern auch praktische Hilfen für die Seelsorge und die Begleitung.

Das ist ja gerade unser Anliegen, nämlich den Graben zwischen Psychologie und Psychiatrie auf der einen Seite und Theologie und Seelsorge auf der anderen Seite zu überbrücken. Auch wenn die Fachliteratur möglichst breit berücksichtigt wird, haben wir in erster Linie von den Menschen gelernt, die uns begegnet sind. An erster Stelle möchte ich den Patientinnen und Patienten danken, die uns an ihrem Erleben teilhaben liessen. In den Beispielen kommt etwas von ihrem direkten Erleben zum Ausdruck, auch wenn es nötig war, die Geschichten so zu verfremden, dass ein Wiedererkennen nicht möglich ist. Danken möchte ich auch Frau B.B. für die Genehmigung zum Abdruck ihrer Gedichte in Kapitel 3, die so eindringlich wiedergeben, wie sich Menschen in ihren Krisen erleben können.

Ein Problem beim Schreiben eines solchen Buches soll nicht verheimlicht werden. Wie kann man Frauen und Männer ansprechen, Therapeutinnen und Therapeuten, Seelsorgerinnen und Seelsorger, Patientinnen und Patienten, ohne jeweils in komplizierte Wortwiederholungen zu verfallen, die den Sprachfluß hemmen? Wir haben uns die Freiheit genommen, die Formen abzuwechseln, ohne uns jedes Mal zu rechtfertigen. Die sprachlich sensibilisierten und politisch korrekten Leserinnen und Leser möchte ich bitten, sich sowohl von den männlichen als auch von den weiblichen Sprachformen ansprechen zu lassen.

Meine Arbeit an diesem Buch wäre unvollständig gewesen ohne die wesentlichen Impulse, die mir meine Mitarbeiterinnen und Mitarbeiter an der Klinik Sonnenhalde in Riehen gegeben haben. Der therapeutische Alltag und die existentielle Erfahrung in der Begleitung emotional instabiler Menschen haben uns als Team nachhaltig geprägt.

Zum ersten Mal kam dieses Buch im Jahre 1996 auf den Markt. Seither wurde es immer wieder neu aufgelegt. Wir werten dies als indirektes Zeichen für die anhaltende Aktualität der Thematik. Diese spiegelt sich auch in der aktuellen Literatur wieder. »Die Borderline-Störung ist erwachsen geworden«, titelte ein Kommentar im renommierten American Journal of Psychiatry (Oldham 2009).

BESONDERHEITEN

Der Büchermarkt hat in den letzten Jahren eine dramatische Veränderung durchgemacht. Vieles, was früher nur auf Papier lesbar war, ist nun im Internet verfügbar. Nachdem das Buch vergriffen war, aber immer wieder im Netz gesucht wurde, habe ich mich entschlossen, es in einer neuen Herausgabe wieder anzubieten. Da sich die Suche nach aktueller Literatur ins Internet verlegt hat, verzichte ich hier auf vielfältige Fussnoten und Literaturangaben. Wenn Sie also ergänzende Literatur suchen, so recherchieren Sie im Internet, um dort wieder aktuelle Informationen zu erhalten.

Es ist meine Hoffnung, dass dieses Buch auch in der vorliegenden Ausgabe nicht nur als Quelle für dramatische Fallbeispiele, psychopathologische Überlegungen und theologische Betrachtungen dient, sondern dass es zu einer echten Hilfe für Seelsorgerinnen und Seelsorger wird, die in der Einzelberatung und in therapeutischen Einrichtungen mit der Vielgestaltigkeit instabiler Menschen konfrontiert werden. Möge das Buch mithelfen, den Weg mit belasteten und verletzten Menschen zu gehen, der oft erst dann entsteht, wenn wir den nächsten Schritt tun.

Riehen, Herbst 2021

Prof. Dr. med. Samuel Pfeifer

1 Borderline-Störungen – eine Herausforderung an die Seelsorge

Borderline – von diesem Wort geht eine eigene Faszination aus. Borderline, das bedeutet eigentlich Grenzlinie. Doch um welche Grenzen handelt es sich, wenn wir von Borderline-Störungen und von Borderline-Patienten sprechen? Dieses Buch beschäftigt sich mit diesen Grenzgängern besonderer Art. Verschiedene Autoren haben versucht, das Wesen von Borderline-Störungen in Metaphern zu fassen, etwa »Ich hasse dich, verlaß mich nicht!« oder »Wenn Haß und Liebe sich umarmen«. In Kommentaren und Essays wird die Borderline-Störung als typische Störung unserer Zeit beschrieben. Und in der Tat widerspiegelt sich die Befindlichkeit des modernen Menschen in ihrer Zerrissenheit und Unbeständigkeit, in ihrer Zerrissenheit und Traumatisierung, in ihrer Vielgestaltigkeit und Unberechenbarkeit. Bei Menschen mit einer Borderlinestörung begegnen uns höchst widersprüchliche Gefühle zwischen Anlehnungsbedürftigkeit und schroffer Zurückweisung, zwischen Eigensucht und Selbsthaß, zwischen Verletzlichkeit und Selbstverletzung, Rückzug und Sehnsucht nach Gemeinschaft, Lebenshunger und Todeswunsch.

Borderline-Patienten sind eine besondere Herausforderung an die Seelsorge. Das folgende Beispiel, das bewußt verfremdet wurde, schildert etwas von den Spannungen, die in der Begleitung entstehen können.

Ein Beispiel: Sie ist eine attraktive blonde Frau, zweimal geschieden, künstlerisch begabt und aktiv in einem kreativen Beruf. Seit Jahren ist sie bei verschiedenen Therapeuten in Behandlung gewesen. Hinter ihren Problemen steht eine fürchterliche Kindheit. Mehrfach wurde sie vom Freund ihrer Mutter sexuell mißbraucht. Vor zwei Jahren hat sie sich dem Glauben zugewendet und geht jetzt in Therapie zu einem christlichen Arzt, daneben auch zu einer therapeutischen Seelsorgerin. Im Vordergrund ihrer Beschwerden steht das Gefühl der Leere, der Sinnlosigkeit, der erdrückenden Depressivität. Sie hat unsägliche Angst davor, nicht mehr kreativ zu sein, und erlebt oft intensive Spannungen, bevor sie einem Kunden ihre neusten Entwürfe vorstellt. Dennoch gelingt es dem Arzt und der Seelsorgerin, sie zu begleiten und ihr zu helfen, ihr Leben zu meistern. Manchmal entstehen aber auch Situationen, die etwas davon illustrieren, was ihre Begleitung so schwierig macht.

An einem Donnerstag erzählte sie ihrer Seelsorgerin, sie habe vor einer Woche einen sehr netten Mann kennengelernt. Sie hätten ein gemeinsames Wochenende vor, und sie fühle sich sehr zu ihm hingezogen. »Bitte geben Sie mir einen Rat. Ich bin ja jetzt gläubig und möchte auch so leben. Aber meine Gefühle sind so stark, dass ich gerne mit ihm schlafen möchte. Was meinen Sie dazu?« – In einem längeren Gespräch vermittelte die Seelsorgerin ihr, dass sie eher davon abraten würde. Die Patientin war offensichtlich unglücklich und ging schmollend heim.

Am Freitagabend um 9 Uhr ruft ein Mann bei der Seelsorgerin privat an und stellte sich als der neue Freund von Frau S. vor: »Meine Freundin hat mich gebeten, Sie anzurufen. Sie hat sich eben die Handgelenke aufgeschnitten. Sie sagt, Sie seien schuld, dass es ihr so schlecht geht. Unser gemeinsames Wochenende ist im Eimer! Was soll ich jetzt machen?« Nach kurzem Hin- und Her tat die Seelsorgerin das einzig Richtige und riet dem Mann: »Bringen Sie sie in die Notfallstation, damit die Wunden genäht werden können!« – Am nächsten Montag kommt die Patientin strahlend in die Sprechstunde des Arztes, immer noch mit einem kleinen Verband am linken Handgelenk. Als er sie nach dem Grund ihrer Freude fragte, antwortete sie: »Ich hatte ein wunderbares Wochenende mit meinem neuen Freund! Er hat sich so lieb um mich gekümmert ...«

Noch eine zweite Situation: Nur einen Tag nach der letzten Konsultation schreibt Frau S. ihrem Arzt eine Karte, die ganz als ein appellativer Abschiedsbrief aufzufassen ist. Da finden sich Sätze wie: »Mein Leben hat keinen Sinn mehr. Ich brauche Hilfe, aber Sie wollen doch nur ihr ruhiges Wochenende mit Ihrer Familie! – Ich bin für alle nur eine Belastung, auch für Sie.« Der Arzt ist im Dilemma: Jetzt hatte er sie erst am Mittwoch gesehen und ihr am Montag wieder einen Termin angeboten. Er fragt sich: »Soll ich einen Notfalleinsatz machen? Bin ich schuld, wenn sie sich das Leben nimmt?« Immer wieder liest er den Text durch, der in seiner schreienden Not eigentümlich mit dem Bild auf der Vorderseite kontrastiert: Die von der Patientin selbstgemalte Karte zeigt eine sanfte, saftig grüne hügelige Landschaft. Schließlich wird er durch die friedliche Botschaft dieses Bildes etwas ruhiger und wartet zu, wenn auch mit unterschwelligen Schuldgefühlen.

Am Freitagnachmittag kurz vor Arbeitsschluß und einem freien Wochenende mit der Familie erfolgt ein Anruf, und Frau S. meldet sich mit schleppend-monotoner Stimme: »Heute ist ein schrecklicher Tag. Am Morgen wollte ich noch sterben. Dann ging ich doch arbeiten. Im Moment geht es mir grade gut. Aber vor dem Wochenende habe ich Horror: Jetzt weiß ich wieder nicht mehr was tun: durch die Straßen irren, oder vielleicht schlafen gehen. Ich weiß noch nicht, ob ich Sie am Montag wiedersehen werde.« Der Arzt wird erneut in Alarm versetzt. »Soll ich sie sofort aufsuchen? Sie zwangsweise in die psychiatrische Klinik einweisen? Doch dann wird sie mir ewig Vorwürfe machen. Mehr noch: sie wird dort (wie schon früher) alles verharmlosen und sich so darstellen, als ob sie nur eine kleine Krise hatte. Und ich bin der trottelige Arzt, der die Spannung nicht ausgehalten hat.« Wie oft hatte sie ihm schon vorgeworfen: »Statt mir ein Gespräch anzubieten, wollen Sie mich einfach in der Psychiatrie versenken!«

Schließlich ringt er sich nach längerem inneren Kampf dazu durch, keine Aktion zu unternehmen. Er versucht, sie bewußt bei Gott abzulegen, nicht als billiges Abschieben der Verantwortung, sondern als tiefe Gewissheit, dass er seine Hand auch in dieser Krise über ihr halten werde. »Gott befohlen!«, diesen Satz sagt er sich immer wieder, und doch: Beim Arzt bleibt eine innere Spannung, ja auch Wut auf die Patientin: »Sie bringt es fertig, dass ich mich täglich mit ihr beschäftigen muß. Sie stört mein freies Wochenende, mein Familienleben. Wie kann ich damit umgehen?«

Nicht immer verläuft die Begleitung von Borderlinepatienten so dramatisch, und doch kennen alle, die in Seelsorge und Therapie stehen, Menschen, die solche Verhaltens- und Erlebensmuster zeigen. Sie sind in der Regel nicht so krank, dass man sie in eine Klinik einweisen müßte, und doch lösen sie enorme Spannungen aus, die den Umgang mit ihnen sehr erschweren.

Borderline-Persönlichkeiten kommen nicht nur selbst an ihre Grenzen, sie führen auch Seelsorger, Therapeuten, Betreuer und Angehörige an ihre Grenzen. Sie befinden sich nicht nur selbst auf einer Achterbahn der Gefühle, sondern sie lösen auch beim Therapeuten eine breite Palette von Gefühlen aus:

- Abgrundtiefe Erschütterung über schwere Lebensschicksale und kaum zu verhehlende Wut über ihre ständigen »Störaktionen«.
- Warmes Mitgefühl und Angst vor der immer stärker werdenden Anklammerung.
- Beschützerinstinkte und Angst, ausgelaugt zu werden.
- eine erotisierende Faszination und Abwehr gegen allzu große Nähe.
- Bereitschaft zum Engagement und wiederholte Enttäuschungen durch maßlose Forderungen.
- Erfolgserlebnisse durch plötzliche Besserungen und hilflose Erschöpfung bei einem erneuten Rückfall.

Erfahrene therapeutische Teams in Kliniken und Wohngemeinschaften sind sich bewußt, dass diese Muster der emotionalen Instabilität die Atmosphäre in einer Abteilung oder einer Wohngruppe stark anspannen können. Oft erträgt man nicht mehr als drei solcher Personen auf eine Gruppe von zwölf, und auch dann nur, wenn ein tragfähiges Therapeutenteam vorhanden ist.

Wie schwer ist es dann erst für Ehepartner, Eltern und Kinder, die mit einem Menschen leben, der an Borderlinezügen leidet! Sie können sich nicht nach acht Stunden therapeutischer Betreuung in ein Privatleben zurückziehen und wie professionelle Betreuer ihre freien Tage nehmen. Nicht selten kommt der therapeutische Seelsorger oder der Pfarrer in die Situation, Angehörige zu beraten, die nicht mehr weiter wissen. Auch das System »Gemeinde« kann in der Betreuung solcher Personen an seine Grenzen kommen.

Wie kann man Menschen mit Borderlinezügen ernstnehmen, ohne dass sie zum Zentrum der ganzen Aufmerksamkeit werden? Wie kann man ihnen Grenzen setzen, ohne sie auszugrenzen? Wie kann man sie auch auf dem Hintergrund des Glaubens ernstnehmen, ihre Instabilität verstehen, ohne sie zu verurteilen und abzustempeln? Oft tragen die Betroffenen selbst die Not an christliche Betreuer heran, dass sie anders sein wollen, aber dann doch keine Kraft haben, sich reif und stabil in Beziehungen einzubringen. Wovon werden sie denn bestimmt? Von ihrer Vergangenheit; von ihren seelischen Verletzungen; von ihren »Wünschen und Begierden«; oder gar von destruktiven Kräften außerhalb ihres Einflusses? Wie soll man sie beraten, wie ihre Störungen erklären?

Es ist das Ziel dieses Buches, den Leserinnen und Lesern zu helfen, das

Erleben und Funktionieren von Borderline-Persönlichkeiten besser zu verstehen. Dabei geht es nicht nur um das äußerlich schwierige Verhalten und Agieren, sondern auch um eine Erhellung der Hintergründe dieses Verhaltens, um ein Mitleiden (nicht Mitleid) mit den Betroffenen, um Einfühlung ohne Verschlungenwerden, um Verständnis ohne konturlose und desillusionierte Beratung. Das Buch soll Ihnen helfen, die Schwachheiten der Betroffenen zu tragen, ohne die Destruktivität ihres Verhaltens widerspruchslos hinzunehmen. Und es soll Hoffnung geben, auch in den Zeiten, wo die Begleitung schwierig erscheint.

2 Borderline-Störungen – eine Begriffsbestimmung

Borderlinestörungen sind nicht neu. Die Psychotherapeuten unserer Zeit haben lediglich einen neuen Namen für die massive seelische Instabilität eines Menschen geschaffen. Dramatische »Borderliner« hat es in der Geschichte wohl immer gegeben:

- Opern-Divas und launische Prinzessinnen
- Flagellanten und Stigmatisierte im Mittelalter
- Sogenannte »Hexen«, Seherinnen und »Besessene«
- Hysterikerinnen und Hypnotisierte im Paris der Jahrhundertwende

Es wäre ein Irrtum zu meinen, diese Frauen und Männer hätten nur versucht, die Aufmerksamkeit auf sich zu ziehen. Während launische Prinzessinnen ein verwöhntes Leben im Prunk führten, waren sie eben doch nur Puppen im großen Theater eines Königshofs, in dem es keine persönliche Freiheit gab. Andere flüchteten vor den unsäglichen Verletzungen und Konflikten ihrer Kindheit in die Einsamkeit oder in die Askese, die weit hinausging über den Wunsch, Gott zu dienen. Wer durch die Pest alles verloren hatte, wer beinahe irrwitzig wurde am Grabe seiner Lieben, dem gab die öffentliche Zurschaustellung seiner Schmerzen durch blutende Geißelstriemen vielleicht noch eine letzte Lebensaufgabe.

Manche dieser emotional so sensiblen und instabilen Menschen haben ihren »sechsten Sinn« in einer manipulativen und geschäftsorientierten Weise eingesetzt, der sie zu Wahrsagerinnen werden ließ. Diese Phänomene an der Grenzlinie zum Okkulten sollen in einem späteren Kapitel noch besprochen werden. Im 19. Jahrhundert erweckten hysterische Frauen die Aufmerksamkeit der Wissenschaft und wurden zu vielbeachteten Demonstrationsobjekten von Ärzten und Hypnotiseuren. Eines war all diesen Menschen gemeinsam: Sie waren in ihrem auffälligen Verhalten immer auch Leidende, zutiefst unerfüllte, deprimierte und oft auch von der Gesellschaft ausgeschlossene Menschen, die mit dem Leben nicht mehr zurechtkamen.

MODEBEGRIFF ODER ECHTES LEIDEN?

Der Begriff der Borderline-Störungen ist nicht unumstritten. Kritiker wenden ein, es handle sich um einen modischen Jargon-Begriff, der nicht ausreichend scharf von anderen Zustandsbildern abzugrenzen sei. So wie die Hysterie die klassische Neurose zur Zeit Sigmund Freuds gewesen sei, so sei Borderline das typische Problem unserer Zeit. Darin steckt sicher viel Wahrheit, zumal die farbigen Zustandsbilder hysterischer Patienten denen von heutigen Borderlinepersönlichkeiten sehr ähnlich sind. Warum verwenden wir dann hier den Begriff »Borderline«? Ganz einfach: es geht nicht in erster Linie um den Namen, sondern um die Zustandsbilder, die damit umschrieben werden.

Wir streiten nicht um Etiketten, sondern versuchen eine Verständnishilfe zu geben, instabile Persönlichkeiten besser zu verstehen und sie therapeutisch und seelsorglich zu begleiten. Mehr noch, der Begriff hat sich mittlerweile derart eingebürgert, dass er seinen festen Platz in den international gebräuchlichen diagnostischen Handbüchern gefunden hat.

Mittlerweile wird diskutiert, die Borderlinestörung auf die Stufe einer ernsten psychischen Störung zu stellen, ähnlich wie eine Depression oder eine Angststörung, zumal ausreichende Belege für eine genetische und eine hirnbiologische Grundlage bestehen, die zur dramatischen Instabilität dieser Menschen führen. Ein Blick in die Geschichte seiner Entstehung führt hinein in die heutige Sicht dieser Störungen.

DIE GESCHICHTE DES BORDERLINE-BEGRIFFS

Instabile Persönlichkeiten waren immer eine Herausforderung für die helfenden Berufe. Sigmund Freud sah die Ursachen schwerer Neurosen in dem Konflikt zwischen primitiven, unbewußten Impulsen und den Bemühungen des Bewußtseins, diese verabscheuungswürdigen, unannehmbaren Gedanken ins Bewußtsein eindringen zu lassen. Man geht davon aus, dass manche seiner Fallgeschichten wie z.B. der Rattenmann oder Anna O. eigentlich Borderline-Patienten waren.

Der Begriff »Borderline« wurde zum ersten Mal von Adolph Stern 1938 geprägt, um eine Gruppe von Patienten zu beschreiben, die nicht in die diagnostischen Kategorien der klassischen Neurosen und der primären Psychosen zu passen schienen. Diese Patienten waren zwar offenbar kränker als andere neurotische Patienten, aber dennoch zeigten sie keine verzerrte, wahnhafte Deutung der Umwelt wie etwa schizophrene Menschen. Obwohl sie wie neurotische Menschen unter einer großen Auswahl von Angstsymptomen litten, fehlte es ihnen an der bei andern neurotischen Patienten beobachteten relativen Stabilität. Im Gegensatz zu Borderline-Patienten zeigen »durchschnittlich neurotische« Menschen meist ein solideres, beständigeres Identitätsgefühl, und sie wenden reifere Bewältigungs- und Abwehrmechanismen an, um mit ihren Konflikten umzugehen.

Die Grenzlinie zeigte sich in drei Bereichen:

- Vordergründig leichter neurotische Patienten, die zuerst nur wenig neurotische Symptome und ein paar Lebensprobleme zu haben schienen, dann aber in der Therapie rasch schwere Symptome wie akute Suizidalität, selbstschädigendes Verhalten oder ausgeprägte Identitätsstörungen entwickelten.
- Vordergründig psychotische Patienten, die zwar mit deutlichen wahnhaften Symptomen, Schlaflosigkeit, Ängsten oder bizarrem Verhalten in die Klinik kamen, sich dann (entgegen dem klassichen Verlauf schizophrener Störungen) aber erstaunlich rasch erholten und dann eher ein Muster von Instabilität und neurotischen Symptomen zeigten. Hier wurde manchmal der Begriff der »pseudoneurotischen Schizophrenie« verwendet.
- Vordergründig depressive Patienten, die aber im Gegensatz zur tiefen Traurigkeit und Apathie des durchschnittlich Depressiven, rasche Stimmungsschwankungen, einschießende Suizidalität und ausgeprägt wechselhafte Beziehungsmuster zeigten, die Angehörige und Betreuer in Atem hielten.

Alle drei beschriebenen Verläufe passen also nicht ins herkömmliche Bild dieser Störungen und machten es nötig, eine neue gemeinsame Beschreibung zu suchen. In der Literatur setzte sich zunehmend der Begriff »Borderline« durch. 1968 beschrieb Grinker vier Untertypen des Borderline-Syndroms:

1. eine schwer leidende Gruppe, die an der Grenze zur Psychose lag
2. eine »Kern-Borderline«-Gruppe, mit stürmischen zwischenmenschlichen Beziehungen, intensiven Gemütszuständen und einem Gefühl chronischer Leere
3. eine »Als-ob«-Gruppe, die sich leicht von andern beeinflussen ließ, und der es an einer stabilen Identität fehlte
4. eine leicht beeinträchtigte Gruppe mit geringem Selbstvertrauen, die an das neurotische Ende des Spektrums grenzte.

Im Jahre 1980 wurde die Diagnose in die Amerikanische Klassifikation Psychischer Störungen (DSM-III) übernommen und erhielt damit die breite Anerkennung der Fachwelt. Der Psychoanalytiker Otto Kernberg stellt die Borderline-Persönlichkeit genau zwischen neurotische und psychotische Persönlichkeitsorganisation. Ein Patient mit einer Borderline-Persönlichkeitsstörung ist zwar weniger beeinträchtigt als ein Psychotiker, bei dem die Wahrnehmung der Realität stark verzerrt ist, sodass eine normale Funktion unmöglich gemacht wird. Andererseits ist ein Mensch mit einer Borderline-Störung stärker behindert als ein Mensch mit einer neurotischen Persönlichkeit, dessen Ängste sich als Resultat emotionaler Konflikte deuten lassen.

Die Identitätswahrnehmung des neurotischen Menschen und seine Bewältigungs- und Abwehrmechanismen sind meist anpassungsfähiger als die des Borderline-Patienten. Borderline-Patienten zeigen zudem oft eine Vielfalt an zusätzlichen Persönlichkeitsstörungen (paranoide, schizoide, narzißtische, histrionische, antisoziale, zwanghafte oder phobische Züge sowie sexuelle Störungen und dissoziative Reaktionen), die sehr wechselhaft ausgeprägt sein können. Die ständig wechselnde Befindlichkeit von Borderline-Patienten wurde mit einem Kaleidoskop verglichen, das bei jeder noch so kleinen Drehung immer neue Farb- und Kristallmuster vor dem staunenden Betrachter erstehen läßt.

WECHSELHAFT, UNREIF, FRUSTRIERT

Für Kernberg waren folgende Eigenschaften wichtig:

- ein brüchiger und wechselnder Wirklichkeitsbezug
- Schwierigkeiten im Umgang mit Frustrationen und Enttäuschungen
- Unreifes Denken
- Unreife Abwehrmechanismen
- Verzerrte Selbstauffassung
- Verzerrte Auffassung von anderen

Wechselnder Wirklichkeitsbezug: Die meiste Zeit über haben Borderlinepatienten einen angepaßten Bezug zur Wirklichkeit. Unter Streß kann der Betroffene jedoch kurzzeitig in eine psychotische Verzerrung der Realitätswahrnehmung geraten. Borderline-Persönlichkeiten haben große Schwierigkeiten, Frustrationen und Enttäuschungen zu ertragen und mit Angst zurechtzukommen.

Impulsives Verhalten ist der Versuch, diese Spannung abzubauen. Die Betroffenen haben Schwierigkeiten mit der Sublimation. Sie sind also nicht in der Lage, Frustrationen und Unbehagen auf sozial angepaßte Art zu kanalisieren. Oft zeigen sie starke Wechsel in den Gefühlen. Eine Borderline-Persönlichkeit kann sich so verhalten, als ob sie einen dramatischen Ausbruch, der Augenblicke vorher stattgefunden hat, völlig vergessen hat, ähnlich wie ein Kind, das nach einem Trotzanfall plötzlich wieder lacht. Diese Ähnlichkeit mit dem impulsiven Verhalten von Kindern ist auch der Grund für die Bezeichnung »unreif« oder »infantil« für solches Verhalten.

Unreifes Denken: Obwohl Borderline-Menschen vordergründig an einem strukturierten Arbeitsplatz ihre Aufgaben gut erfüllen können, bestehen unter der Oberfläche schwere Selbstzweifel, Ängste und Argwohn weiter fort. Dieses Denken wird auch als »primitiv« bezeichnet, weil es dem angstbeherrschten Denken bei Kindern oder bei animistischen Urstammvölkern ähnlich ist. Jeder Umstand, der die schützende Struktur des Betroffenen durchbricht (Streß, Kritik, Frustration), kann eine Flut chaotischer Gefühlsregungen, die im Innern versteckt sind, freisetzen.

»PRIMITIVE« ABWEHRMECHANISMEN

Unter Abwehrmechanismen versteht man heute ganz allgemein den Umgang eines Menschen mit schwierigen Situationen oder Gefühlserfahrungen. Dabei unterscheidet man unreife (neurotische) Abwehrmechanismen und reife Abwehrformen, die auch als Bewältigungsmechanismen bezeichnet werden. Psychisch gesunde Menschen gehen mit Konflikten realitätsgerecht (reif) um.

Borderlinepatienten hingegen nehmen die Welt in Extremen wahr. Die Menschen um sie herum sind entweder gut oder böse, freundlich oder feindlich, geliebt oder gehaßt. Zwischentöne gibt es nicht, weil diese sonst zuviel Unsicherheit auslösen würden. Diese Spaltung führt oft zu magischem Denken: Aberglaube, Phobien, Zwangsgedanken (Obsessionen) oder zwanghaftes Verhalten werden wie ein Zaubermittel eingesetzt, um unbewußte Ängste abzuwehren. Daraus entstehen die sogenannten sekundären Abwehrmechanismen:

Primitive Idealisierung: Ein Mensch (oder »Objekt«) wird einseitig als »gut« und »lieb« ohne Wenn und Aber erlebt. Die Binsenwahrheit, dass jeder Mensch auch Fehler haben kann, wird völlig verdrängt, so wie ein Kind seine Welt nur in Gut und Böse ohne Zwischentöne einteilt. Eine Patientin lernt einen neuen Seelsorger kennen und fühlt sich von ihm ernst genommen. Sie schwärmt: »Er ist der verständnisvollste Mensch, den ich je kennengelernt habe. Und er blickt durch! Er hat wirklich den Geist Gottes! Mit seiner Hilfe werde ich alle meine Probleme überwinden!«

Abwertung: Das Gegenteil von Idealisierung, die unerbittlich negative Sichtweise eins Menschen. Damit vermeidet die Borderline-Persönlichkeit Schuldgefühle durch ihren Zorn – der »böse« Mensch verdient ihn voll und ganz. Ein Beispiel: Nachdem ein Seelsorger durch äußere Umstände gezwungen war, einer Patientin zu empfehlen, sich nach drei Jahren intensiver Betreuung eine andere Begleitung zu suchen, verwandelte sich ihr früheres Vertrauen in abgrundtiefen Haß. Sie redete überall negativ über ihn und drohte ihm sogar einen Prozeß um Schmerzensgeld an, weil er ihr durch die Beendigung der Begleitung seelischen Schmerz zugefügt habe.

Omnipotenz: Das Gefühl von grenzenloser Macht. Der Betroffene meint (zumindest in gewissen Momenten unrealistischer Selbstüberschätzung) allen anderen überlegen zu sein, alles schaffen und nicht versagen zu können.

Man spricht bei dieser Eigenschaft auch von Narzißmus, dem Fachbegriff für eine allzu starke Bezogenheit auf sich selbst. Oft fehlt es in diesen Momenten der Selbstüberschätzung auch an der nötigen Selbstkritik, an den nötigen »sozialen Antennen« für die Reaktionen der anderen. Ein junger Mann mit einer Borderline-Störung meinte z.B., er sei für Frauen unwiderstehlich und drängte sich einer jungen Frau regelrecht auf. Sie fühlte sich zuerst geschmeichelt, mußte sich dann aber zunehmend abgrenzen. Dies führte bei ihm wieder zu einer depressiven Reaktion, in der er versuchte, sich das Leben zu nehmen.

Projektion: Bestimmte Züge werden als inakzeptabel für das eigene Ich verleugnet und anderen zugeschrieben. »Mein Mann ist oft so gereizt und zornig!« klagt eine Frau. Erst mit der Zeit wird klar, dass sie selbst intensive Aggressionen in sich hat, die sich manchmal sehr heftig entladen. Ihre eigenen Zornesausbrüche verharmlost sie und hat immer gute Gründe, dass sie »etwas ungehalten« sei.

Projizierende Identifikation: Diese Form des Umgangs mit Konflikten ist wohl am schwersten zu verstehen. Da wird die Beziehung zu einer Person fortgesetzt, die eigentlich alle negativen Eigenschaften hat, die man ablehnt. Der Vorteil: Der andere »trägt« diese unangenehmen Eigenschaften für den Projizierenden, der wiederum daran arbeitet, sie weiter fortbestehen zu lassen (»Ich hasse dich – verlaß mich nicht!«). Ein Mann mit Borderlinezügen erlebt seine Frau als zornig, aber er provoziert immer wieder Situationen, die den Zorn seiner Frau herausfordern. Damit bestätigt sich seine negative Bewertung der Frau, ohne dass er sich selbst seinen eigenen Zorn eingesteht.

MANGEL AN IDENTITÄT

Schließlich beschrieb Kernberg zwei weitere Eigenschaften, die einer Borderline-Persönlichkeit das Leben schwer machen: eine verzerrte Selbstwahrnehmung und eine pathologische Auffassung von anderen. Kernberg beschreibt eine *»Identitätsdiffusion«*: Es fehlt die Gewissheit, »Das bin ich – mit meinen Eigenschaften, meinen Gaben, meinem Körper.« Analytisch gesprochen fehlt ein Kernidentitätsgefühl. Die Persönlichkeit habe die Konsistenz von Wackelpudding: dieser kann in jede beliebige Form gebracht werden, aber er rinnt durch die Finger, wenn man versucht, ihn festzuhalten. Dieses Fehlen von Substanz führt zu Identitätsstörungen und höchst wechselhaften Reaktionen im Umgang mit anderen Menschen.

Pathologische Auffassung von anderen: Wer selbst keine innere Stabilität hat, erlebt auch die Beziehung zu anderen als sehr unsicher und angsterzeugend. So wie die eigene Selbstachtung von den aktuellen Umständen abhängt, stützt sich die Borderline-Persönlichkeit in ihrer Haltung gegenüber anderen auf die letzte Begegnung und nicht auf eine stabilere und anhaltendere Wahrnehmung, die in einer beständigen, zusammenhängenden Serie von Erfahrungen begründet ist. Wie ein Kind, das nicht mehr sicher ist, ob seine Mutter da ist, wenn es sie nicht sieht, haben auch Borderline-Menschen Mühe bei der Abwesenheit einer für sie wichtigen Person.

Ist eine Trennung dennoch nötig, so brauchen sie ein sogenanntes »Übergangsobjekt«, ähnlich einem Kind, das eine Schmusedecke, eine Puppe oder einen Teddybär braucht, um einzuschlafen. So werden Bilder, Kleidungsstücke und andere persönliche Objekte mitgenommen, um beruhigende Erinnerungen an zu Hause oder einen lieben Menschen zu haben. Kuscheltiere begleiten sie ins Bett, Fotos der Familie werden sorgfältig im Zimmer verteilt. Trennung oder drohende Trennung von einem geliebten Menschen löst bei den Betroffenen quälende Angst aus. Um dem panikartigen Gefühl von Verlassenwerden und Einsamkeit zu entgehen, versuchen die Betroffenen verzweifelt, sich anzuklammern – sie rufen an, schreiben Briefe und setzen viele Mittel ein, um den Kontakt aufrechtzuerhalten.

VIER BEGRIFFE

Wenn man von Borderline spricht, so trifft man vier verschiedene Begriffe an: Die *Borderline-Struktur* (Borderline Personality Organization) umschreibt die oben genannten pathologischen Eigenschaften einer Persönlichkeit, die sich durch ihr ganzes Dasein ziehen. Das *Borderline-Syndrom* kann als Oberbegriff für alle Borderlinestörungen aufgefaßt werden, bei denen die Symptome sich konkret beobachten lassen. Es bezeichnet das Zusammentreffen von verschiedenen Symptomen wie Impulsivität, selbstschädigendes oder manipulatives Verhalten, ohne dass eine Aussage über eine tiefere durchgehende (»ich-strukturelle«) Störung oder ein episodisches Auftreten gemacht wird.

Borderline-Zustände (»Borderline States«) stellen eine kurzfristige Entgleisung von ansonsten gut strukturierten Patienten dar, die in charakteristischen Situationen einer besonderen Nähe zum innerpsychischen »traumatischen Bereich« auftritt. Ein Beispiel:

Eine junge Frau sitzt im Zug, als ein offensichtlich alkoholisierter Mann durch den Gang torkelt. Irgend etwas an seinem Gesicht weckt eine Erinnerung, die sie längst vergraben hat: diese Alkoholfahne, die Bartstoppeln, die buschigen Augenbrauen ... Vor ihr taucht schemenhaft ein Erlebnis im Keller auf, als sie als kleines Mädchen von einem Nachbarn sexuell mißbraucht wurde. Sie kann nicht mehr abgrenzen: ich bin jetzt erwachsen und kann mich wehren, ich sitze hier im sicheren Zug und andere sind um mich herum. Nein, sie fühlt das lähmende Gefühl der Angst, des Ausgeliefertseins. Bei der nächsten Station stürzt sie hinaus an die frische Luft und findet sich erst zwei Stunden später wieder in einer Notfallstation des Krankenhauses in einer Stadt, die doch gar nicht ihr Ziel gewesen war.

Das Gesicht des Mannes hatte den »traumatischen Bereich« aktiviert und eine tiefsitzende Lava der Erinnerung zur Eruption gebracht, die den Verstand lawinenartig verschüttete und Todesangst und Identitätsverlust über sie brachte.

Der vierte Begriff wurde im Rahmen der Diagnostik nach DSM (Diagnostisches und Statistisches Manual Psychischer Störungen) geschaffen: die *Borderline-Persönlichkeitsstörung*. Anhand der neun Kriterien läßt sich bei den Betroffenen eine Persönlichkeitsstörung beschreiben, die von anderen Störung klar abgrenzbar und zeitlich überdauernd ist, indem sie ein immer wieder auftretendes Muster darstellt.

NEUN KRITERIEN DER BORDERLINE-PERSÖNLICHKEITSSTÖRUNG NACH DSM-IV (*)

Menschen mit einer Borderline-Persönlichkeitsstörung zeigen ein durchgängiges Muster von

- Instabilität der zwischenmenschlichen Beziehungen
- Instabilität des Selbstbildes
- Instabilität im Bereich der Stimmung
- ausgeprägter Impulsivität mit Beginn in der frühen Erwachsenenzeit.

*** Anmerkung:** Obwohl mittlerweile eine fünfte Auflage des DSM herausgekommen ist, sind die Beschreibungen in der vierten Auflage derart treffend, dass sie auch in der 5. Auflage nicht wirklich besser und anschaulicher gemacht werden konnten. Gerade für didaktische Zwecke sind die Kriterien des DSM-IV hervorragend geeignet.

Dabei sollten mindestens fünf der folgenden Kriterien erfüllt sein:

1. Verzweifeltes Bemühen, ein reales Alleinsein oder nur schon die Vorstellung des Alleinseins zu verhindern.
2. Ein Muster von instabilen, aber intensiven zwischenmenschlichen Beziehungen, das sich durch einen Wechsel zwischen den beiden Extremen der Überidealisierung und Abwertung auszeichnet.
3. Ausgeprägte und andauernde Identitätsstörung, die sich in Form von Unsicherheit in mindestens zwei der folgenden Lebensbereiche manifestiert:
   - Selbstbild
   - sexuelle Orientierung
   - langfristige Ziele oder Berufswünsche
   - Art der Freunde oder Partner
   - persönliche Wertvorstellungen.
4. Impulsivität bei mindestens zwei möglicherweise selbstschädigenden Aktivitäten, z.B. Geldausgeben, Sexualität, Substanzmißbrauch, risikoreiches Autofahren oder Freßanfälle.
5. Wiederholte Suiziddrohungen, -andeutungen oder -versuche oder andere selbstverletzende Verhaltensweisen.
6. Instabilität im Gefühlsbereich, z.B. ausgeprägte Stimmungsänderungen von der Grundstimmung zu Depression, Reizbarkeit oder Angst, wobei diese Zustände gewöhnlich einige Stunden oder, in seltenen Fällen, länger als einige Tage andauern.
7. Chronisches Gefühl der Leere oder Langeweile.
8. Unangemessene, starke Wut oder Unfähigkeit, die Wut zu kontrollieren, z.B. häufige Wutausbrüche, andauernde Wut oder Prügeleien.
9. Vorübergehende, durch Streß ausgelöste paranoide Gedankengänge oder dissoziative Symptome.

BEGLEITENDE PROBLEME

Die Borderlinestörung ist viel häufiger als man anfänglich dachte. Insbesondere unter jungen Leuten erfüllen rund 5 Prozent die Kriterien, mit allen Schwierigkeiten, die dazu gehören. Unter den Patienten, die in einem Ambulatorium gesehen werden, sind es etwa 10 – 15 Prozent. Dabei kommen sie nicht nur mit Depressionen und Angststörungen, sondern häufig auch mit Selbstverletzungen, von denen später noch geredet werden muß. Der Anteil von Borderlinepatienten unter denjenigen Patienten, die in stationäre psychiatrische Behandlung kommen, wird auf ca. 20 Prozent geschätzt. Häufig ist es ein Suizidversuch, der zur Einweisung in eine Klinik führt.

Borderline-Persönlichkeiten haben natürlich *vielfältige Begleitprobleme*. Im DSM werden sie etwa wie folgt beschrieben: Menschen mit einer Borderline-Störung zeigen ein Muster, sich selbst zu unterminieren, oft gerade in dem Moment, wo sie ein Ziel erreichen würden (z.B. Schulversagen gerade vor dem Abschluß; schwerer innerer Rückzug in dem Moment, wo ein Therapeut endlich aufatmet und der Person mitteilt, wie gut die Therapie läuft; Zerstörung einer Beziehung in dem Moment, wo diese zu einer bleibenden Beziehung werden könnte). Manche Betroffene entwickeln psychosenahe Symptome (z.B. Halluzinationen, Verzerrung des Körpergefühls, Beziehungsideen und hypnoseähnliche Phänomene) unter Streß. Sie fühlen sich sicherer, wenn sie »Übergangsobjekte« haben (z.B. ein Tier oder einen materiellen Besitz) als in einer echten zwischenmenschlichen Beziehung. Bei Depressionen und Drogenproblemen ist die Suizidhäufigkeit erhöht. Körperliche Behinderungen können das Resultat von Selbstverletzungen oder Suizidversuchen sein.

Wiederholter Stellenverlust, Unterbrüche in der Ausbildung und zerbrochene Ehen sind häufig. Körperlicher und sexueller Mißbrauch sind häufig in der Vorgeschichte von Personen mit einem Borderline-Syndrom. Dazu können Depressionen, Substanzabhängigkeit, Eßstörungen (besonders Bulimie), Posttraumatische Belastungsstörung und Hyperaktivität mit Aufmerksamkeitsstörung (ADHS) kommen.

Der *Verlauf einer Borderlinestörung* gestaltet sich sehr unterschiedlich. Häufigstes Muster ist eine chronische Instabilität im frühen Erwachsenenalter mit Episoden, in denen es den Betroffenen nicht gelingt, ihre Stimmung und ihre Impulse zu kontrollieren. Die Behinderung durch die Störung sowie das Suizidrisiko sind in der Jugend am größten und lassen allmählich mit zunehmendem Alter nach. Somit erreicht ein Großteil der Menschen mit dieser Störung im Alter von etwa 30 bis 40 Jahren eine größere Stabilität in ihren Beziehungen und Lebensaufgaben. Die amerikanische Borderline-Forscherin M. Zanarini hat in einer Langzeituntersuchung zeigen können, dass über 80 Prozent der Jugendlichen, die die Diagnose einer Borderlinestörung hatten, innerhalb von 10 Jahren eine deutliche Besserung erlebten. Diese ging so weit, dass 10 Jahre später die Diagnose nicht mehr zu stellen war. Das gibt Hoffnung, auch wenn die Betroffenen später oft noch den Schatten von Depression und Angst erlebten, aber nie mehr so einschneidend wie in ihrer jugendlichen Instabilität.

GENETISCHE UND NEUROBIOLOGISCHE ASPEKTE

Die Forschungen der letzten Jahre haben immer deutlicher gezeigt, dass es hinter dem äusserlich so vielgestaltigen und dramatischen Verhalten auch neurobiologische Ursachen gibt. Genetische Studien haben gezeigt, dass es Veränderungen gibt, die zu einer Instabilität der Stimmungskontrolle und zu impulsiven Durchbrüchen führen können. Offenbar ist die Regulation von Gefühlen »verstellt« wie ein übersensibler Sensor einer Alarmanlage, die bei kleinsten Belastungen zu schrillen beginnt. Dazu kommt, dass die »Sirene« sich nicht einfach abstellen lässt und damit das ganze System in Aufruhr versetzt. Es wäre aber irreleitend, würde man nun von einer »Hirnkrankheit« sprechen. Es wird nur allzu deutlich, dass die Unterstützung durch verständnisvolle Menschen wichtig ist (soziale Ebene). Und auf der psychischen Ebene müssen die Betroffenen lernen, besser mit ihren inneren Impulsen und Spannungen umzugehen.

UNTERSCHEIDUNG VON ANDEREN STÖRUNGEN

Oft ist es in der Psychiatrie nicht einfach, eine klare Diagnose zu stellen. Gerade die Borderlinestörung ist so schillernd, dass sie in ein und derselben Person auf ganz unterschiedliche Weise zum Ausdruck kommen kann. Abbildung 2-1 zeigt die Überlappungen der Borderlinestörung mit anderen psychiatrischen Zustandsbildern und Persönlichkeitsstörungen.

Die Berührungspunkte zu Depression, Angst und Psychose wurden schon dargestellt. Dazu kommen verschiedene Persönlichkeitsstörungen, die ähnliche Eigenschaften zeigen können, wie sie bei Borderlinestörungen auftreten können. Hier sind einige Unterscheidungsmerkmale:

>> *Histrionische Persönlichkeitsstörungen:* auch hier trifft man das Verlangen nach Aufmerksamkeit, manipulatives Verhalten und rasch wechselnde Stimmungen. Borderline-Persönlichkeitsstörungen unterscheiden sich durch die Selbstzerstörung, zornige Ausbrüche in nahen Beziehungen und chronischen Gefühlen von tiefer Leere und Einsamkeit.

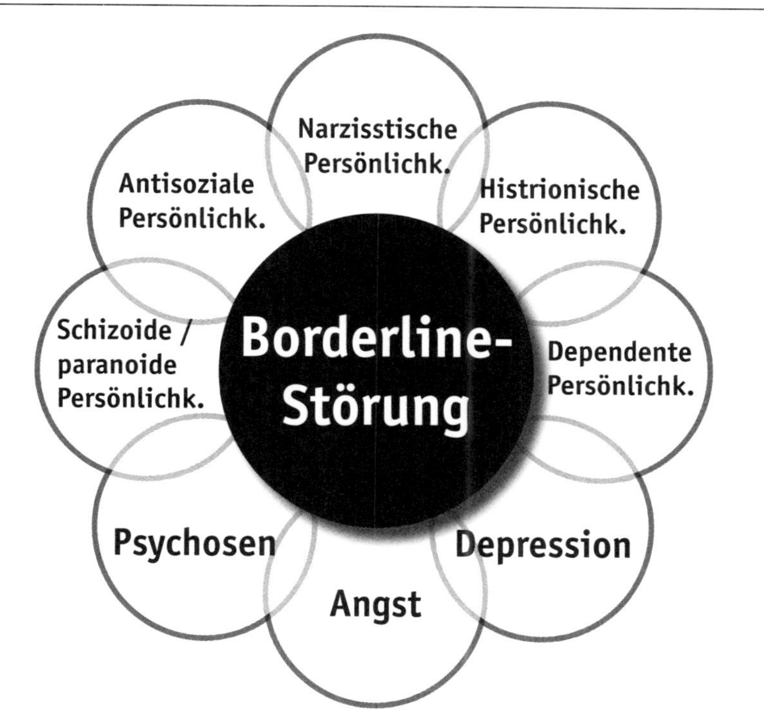

Abbildung 2-1: Die Überlappungen der Borderlinestörung mit anderen psychiatrischen Zustandsbildern und Persönlichkeitsstörungen.

>> *Schizotype und paranoide Persönlichkeitsstörungen* zeigen zwar auch paranoide Ideen und schwer nachvollziehbare Illusionen. Bei Borderline-Persönlichkeitsstörungen gehen diese rasch vorbei und sind stärker von aktuellen Beziehungen abhängig.

>> *Narzißtische Persönlichkeitsstörungen:* auch hier kommt es zu rascher Kränkbarkeit durch kleine Auslöser, aber es fehlt die tiefe Angst vor dem Verlassenwerden, zudem auch die Selbstaggression und Impulsivität.

>> *Antisoziale Persönlichkeitsstörungen* zeigen ebenfalls manipulatives Verhalten. Im Gegensatz zu Borderline-Patienten manipulieren sie jedoch, um Gewinn, Macht oder anderen materiellen Besitz zu erreichen. Borderline-Betroffene suchen eher die Aufmerksamkeit einer fürsorglichen Person.

>> *Abhängige (dependente) Persönlichkeitsstörungen:* Auch hier besteht eine Angst vor dem Verlassenwerden; jedoch reagieren Menschen mit einer Borderline-Persönlichkeitsstörung mit Gefühlen einer tiefen Leere, Wut und Forderungen, während dependente Menschen mit zunehmender Beschwichtigung und Unterwerfung reagieren, um bald wieder in eine haltende Beziehung zu gelangen. Zudem fehlt das typische Muster der Instabilität von Borderline-Patienten.

Eine interessante Studie über die Unterscheidung zwischen Borderline-Störungen und anderen Persönlichkeitsstörungen stammt von der Arbeitsgruppe um den bekannten Persönlichkeits-Forscher Gunderson. Sie erarbeitete eine Liste sieben Eigenschaften, die bei Borderlinestörungen besonders ausgeprägt sind und die Diagnose dieser Störung nahelegen:

1. Psychosenahes Erleben und Denken
2. Selbstverletzung
3. manipulative Suizidversuche
4. Gefühle des Velassenwerdens / Verschlungenwerdens / Ausgelöschtwerdens
5. eine fordernde Grundhaltung / Anspruchshaltung
6. Ausgeprägte Entwicklung von Abhängigkeit in der Therapie
7. Auslösung von besonderen Reaktionen beim Therapeuten und von speziellen Therapie-Beziehungen

POSTTRAUMATISCHE BELASTUNGSSTÖRUNG

Ein Zustandsbild, das manche Ähnlichkeiten mit dem Erleben von Borderline-Patienten hat, muß hier unbedingt erwähnt werden: die Posttraumatische Belastungsstörung (PTSD). Beobachtet wird sie bei Menschen, die durch ein außerordentliches, psychisch sehr belastendes Erlebnis gegangen sind, z.B. bei Soldaten, die aus dem Krieg heimkehren, oder bei Menschen, die eine Katastrophe miterlebt haben. Im Unterschied zur Borderlinestörung bestand vor dem einschneidenden Erlebnis eine psychische Stabilität. Erst die Belastung führt zu den unten aufgeführten Symptomen. Hier die Kriterien für die Posttraumatische Belastungsstörung (vereinfacht nach DSM-IV):

A. Das Erlebnis liegt außerhalb der üblichen menschlichen Erfahrung und stellt eine ernsthafte Bedrohung dar.

B. Das traumatische Ereignis wird immer wieder nacherlebt als Erinnerung, als belastender Traum oder plötzliches Handeln oder Fühlen, als ob das Ereignis wieder stattfindet, oder intensives Leiden bei Konfrontation mit symbolisch gehaltvollen Ereignissen (z.B. Todestag).

C. Intensives Meiden von Gedanken und Gefühlen im Zusammenhang mit dem Trauma oder Aktivitäten und Situationen, die Erinnerungen auslösen, oder psychogene Erinnerungslücke oder vermindertes Interesse an wichtigen Aktivitäten oder Entfremdungsgefühl, eingeschränkte Affekte oder Gefühl einer überschatteten Zukunft.

D. Erhöhtes Erregungsniveau mit Ein- und Durchschlafstörungen, Reizbarkeit und Wutausbrüchen, Konzentrationsstörungen, Überwachsein, übertriebenen Schreckreaktionen, Reaktionen bei Konfrontation mit Bestandteilen, die das Trauma symbolisieren.

E. Dauer mindestens ein Monat.

MISSBRAUCH DER DIAGNOSE

Man würde es sich zu billig machen, wenn man das Borderlinesyndrom in unkritischer Weise auf alle Formen einer seelischen Instabilität beziehen

Tabelle 2-1 Sechs Formen des Mißbrauchs der Borderline-Diagnose (nach Reiser & Levenson)

1. Ausdruck von Gegenübertragungs-Haß
2. Maskierung von unsorgfältigem und ungenauem diagnostischem Denken
3. Nachträgliche Begründung von Behandlungsfehlern oder Therapieversagen
4. Rechtfertigung für unprofessonelles Handeln (Ausagieren) in der therapeutischen Beziehung
5. Abwehr von sexuellen Problemen, die Patienten in ein Therapiegespräch einbringen
6. Rechtfertigung für die Unterlassung einer notwendigen medikamentösen Behandlung.

würde. Ja, es besteht die Gefahr, jede schwer verständliche Reaktion gleich als Borderlinestörung zu bezeichnen. Damit täte man den wirklich Betroffenen unrecht: Menschen mit einer Borderlinestörung leiden schwer an ihrer Persönlichkeit. In einer Übersichtsarbeit wurden sechs Formen des Mißbrauchs der Diagnose zusammengestellt (vgl. Tabelle 2-1).

Man muß dabei in Erinnerung behalten, dass Borderline-Patienten zu den schwierigsten überhaupt gehören, weil sie durch ihre Impulsivität und ihre Schwankungen eine geordnete Gesprächstherapie erschweren und häufig Sonderwünsche an den Therapeuten herantragen, von denen sich dieser abgrenzen muß. So ist bei manchen Therapeuten der Borderline-Begriff gleichbedeutend für schwierige Patienten geworden. Doch auch Menschen mit anderen Problemen können fordernd sein; mehr noch: manchmal tragen sie ihre reale Not intensiv an den Therapeuten heran, und dieser ist nicht in der Lage, ihr Problem zu bewältigen. Wenn er dann einfach das Etikett »Borderline« für eine solche Person verwendet, so kann dies auch Ausdruck einer gehässigen Abwertung sein (in der Fachsprache: Gegenübertragungshaß).

Ein zweites Problem ist das unsorgfältige Denken bei vielen Psychiatern und Psychotherapeuten. Es ist eine beklagenswerte Tatsache, dass viele Ärzte und Psychologen sich nur als Gesprächspartner ihrer Ratsuchenden sehen, im übrigen aber eine Abneigung gegen klare Diagnostik haben und diese dann auch nicht sauber anwenden können. Wenn dann eine Person mit einer komplexen Problematik zu ihnen kommt, greifen sie vorschnell in die Kiste der Verlegenheitsdiagnosen und zaubern den Begriff »Borderline« hervor. Somit kann es sich um eine unsorgfältige und ungenaue Diagnostik handeln.

Eine dritte Form des Mißbrauchs besteht darin, schlecht verlaufene Therapien oder offensichtliche Fehler in einer Therapie mit der Bemerkung zu überdecken: »Sie ist eben eine Borderlinerin. Das konnte nicht gut gehen!« Schlimmer noch wird es, wenn eine Therapeutin oder ein Therapeut sich unprofessionell verhält (sei dies eine kühle Abwehrhaltung ohne Mitgefühl oder aber erotische Avancen) und dies nicht eingestehen will (Punkt 4). Ein weiterer Mißbrauch der Diagnose liegt vor, wenn der Therapeut nicht mit sexuellen Themen umgehen kann, die eine Person in die Besprechung einbringt. Nicht jede sexuelle Störung deutet gleich auf »Borderline« hin, wenn sie nicht eingebettet ist in das typische Muster dieser Persönlichkeitsproblematik.

Und schließlich ist noch ein letzter Punkt zu erwähnen: Viele Therapeuten unserer Zeit tun sich schwer, psychische Störungen mit Medikamenten zu behandeln, nicht zuletzt auch auf Wunsch der Patienten. Nun gibt es aber Störungen, insbesondere Psychosen, die durch eine medikamentöse Behandlung deutlich gebessert werden könnten. Wer sich hier unter Hinweis auf eine »Borderlinestörung« seiner Verantwortung entzieht, macht sich nicht nur unklarer Diagnostik schuldig, sondern verpaßt möglicherweise auch eine effektive Behandlung.

****

Diese nüchternen Beschreibungen und Abgrenzungen sind der Versuch, die immense Tragik von Borderline-Patienten in Worte und Kriterien zu fassen, die eine Eingrenzung erlauben. Doch wer die obigen Beschreibungen der neun Kriterien nach dem DSM und die möglichen Komplikationen durchliest, kann sich der Dramatik nicht entziehen, die hinter den Worten steht. Das nächste Kapitel soll deshalb etwas von dem Erleben der Betroffenen schildern, weitere Vorgehensweisen zur Diagnostik beschreiben und einen ersten Blick auf mögliche Ursachen werfen.

3 Wie erleben sich Borderline-Patienten?

Zu leben braucht soviel Kraft.
Manchmal,
da ist jeder Augenblick eine Qual,
und es gibt Momente,
da hab ich Angst vor mir selber.
Ich weiß selber nicht
wo ich stehe,
fühle mich nicht verstanden,
und habe auch Mühe Euch zu verstehen.
B.B.

Dieses Gedicht einer jungen Frau drückt etwas von der Last aus, die Borderlinepatienten ständig erleben. Der amerikanische Psychiatrieprofessor Jerome Kroll hat das Erleben dieser Menschen etwa wie folgt beschrieben: »Borderline-Patienten werden ständig von einem unaufhörlichen, sich aufdrängenden Bewusstseinsstrom vereinnahmt und gequält, der aus Erinnerungen, Flashbacks und inneren Stimmen der Verurteilung besteht. Diese mischen sich mit selbstkritischen Abwertungen, selbst wenn sie versuchen, einfach in der Routine des Alltags zu leben. Damit einher geht das dauernde Gefühl von Zorn, Hilflosigkeit, Ekel und dumpfer emotionaler Anspannung, die sich auch in körperlichen Beschwerden ausdrückt, in Bauch- und Unterleibsschmerzen, Atembeklemmung und Kopfweh, die man einfach nicht ignorieren kann. Das Bewusstsein ist immer am Rand der emotionalen

Überflutung, nahe daran, sich aufzuspalten in scheinbar unzusammenhängende Splitter der Vergangenheit, z.T. mit fotografisch scharfer Wahrnehmung, z.T. in dumpf verschwommener Verzerrung.

Und doch ist der Borderline-Patient nicht nur passives Opfer im reißenden Strom des verletzten Bewusstseins, sondern auch aktiv Teilnehmender, der bewusst schmerzliche Erinnerungen heraufholt, Verletzungen aus der Kindheit immer neu betrachtet und nach Wiederholungen in der Gegenwart sucht, in jeder zwischenmenschlichen Situation, in jeder neuen Beziehung. So baut sich eine zunehmende Spannung auf, die schließlich kaum mehr auszuhalten ist und oft in selbstverletzendes Verhalten mündet, um kurze Zeit Ruhe zu haben, bevor der ganze Prozess von neuem beginnt.«

BORDERLINE UND DEPRESSION

Liest man die verschiedenen Bücher über Borderlinestörungen, so wird das Manipulative, Unbeständige, das Spaltende und Intrigierende oft überbetont. Man unterschätzt dabei die Tatsache, dass Borderline-Patienten oft an starken Depressionen leiden. Klinische Interviews mit Borderline-Patienten zeigen immer wieder die tiefe Verzweiflung dieser Menschen. Auch wenn manchmal das instabile spaltende Verhalten, sowie häufiges Agieren die Therapie in der ersten Phase besonders schwierig macht, darf der schwere depressive Anteil in der Therapie nicht vernachlässigt werden. Der Aktionismus (hektische Telefonate, Weglaufen z.B. um den Freund wiederzusehen und ihn zur Rückkehr zu bewegen, Abwertungen und Vorwürfe an Therapeuten und Teammitglieder, Selbstverletzungen und Suizidversuche) ist oft ein verzweifelter Versuch, dem drohenden Loch der Leere und der Hoffnungslosigkeit zu entgehen, von dem sich viele Borderline-Patienten verschlungen fühlen.

In einer Studie wurde untersucht, wie sich Borderline-Patienten selbst erleben. Dabei kristallisierten sich drei wesentliche Stichworte heraus: Entfremdung, Gefühl der Unfähigkeit und schiere Verzweiflung. Tabelle 3-1 zeigt einige der Aussagen im Wortlaut.

DISSOZIATION ALS BEWÄLTIGUNGSVERSUCH

Oft fragt man sich, wie die Betroffenen diese Empfindungen bewältigen. Auf entsprechende Fragen gaben die Patienten an, sie fänden es leichter, die chronische Verzweiflung anzunehmen und damit zu leben, als ständig ver-

Tabelle 3-1 Aussagen von Borderline-Patienten über ihr Erleben
(nach Miller 1994)

Entfremdung:

- Ich hatte viel Freunde, aber ich habe mich nie als Teil der Gruppe erlebt.
- Schon als ich in den Kindergarten ging, hatte ich den Eindruck, ich gehöre nicht zu den andern.
- Vielleich sondere ich mich von den anderen ab, weil ich mich schon ständig so anders fühle.

Gefühl der Unfähigkeit:

- Das ist schon ganz lange so bei mir, so lange ich mich zurückerinnern kann ... schon in der Schule habe ich mich immer mit den andern verglichen, und ich habe nie jemand getroffen, dem gegenüber ich mich gleich oder besser gefühlt hätte. Selbst der letzte Mensch auf der Straße hat etwas an sich, das ihn besser macht als mich. Nicht daß ich etwas Schlechtes getan hätte; es scheint als wäre ich da hinein geboren worden.
- Ich habe so ein schlechtes Selbstwertgefühl. Ständig vergleiche ich mich ... ich habe den Eindruck, jedermann sei mir überlegen. Und ich bin einfach nichts wert.
- Ich habe immer den Eindruck, mir fehle etwas, und so schaue ich auf andere Menschen, um zu sehen, ob sie ähnlich fühlen, aber ihnen geht es besser ... In meinem Kopf läuft ein ständiger Bürgerkrieg ab – wer ich sein möchte und mit wem ich vorlieb nehmen muß.
- Ich kann es nicht erklären, aber ... du fühlst dich so nutzlos, wertlos ...

Verzweiflung:

- Am liebsten würdest du sterben. Du möchtes einfach raus aus diesem Leben, raus aus dem Schmerz. Ich glaube nicht, daß es irgendetwas oder irgendjemand gibt, der mir helfen könnte, mich anders zu fühlen.
- Ich wünsche das keinem anderen. Wenn jemand sagen würde, du kannst es loswerden, indem du es jemand anderem abgibst, ich weiß nicht, ob ich's tun würde, nach all dem, was ich durchgemacht habe.
- Ich weiß nicht ob ich den Schneid habe, mir das Leben zu nehmen. Oft denke ich daran, mindestens einmal pro Woche.

geblich zu hoffen, dass sie vergehe. Und dennoch waren sie immer wieder bereit, irgend etwas zu probieren, wenn es nur helfen würde.

Als wesentliche Bewältigungsstrategie erwies sich das Phänomen der Dissoziation. Man versteht darunter eine Abspaltung des Bewusstseins von dem, was man gerade erlebt. Eine junge Frau, die als Kind mehrfach sexuell missbraucht wurde, antwortete mir auf die Frage, wie sie damit habe leben können: »Es war, als wäre ich aus mir herausgegangen, in die Tapete, die ich über mir sah. Auf dem Bett lag noch mein Körper, aber ich selber spürte nichts mehr.

Erst viel später, als der Mann schon lange gegangen war, fand ich mich wieder und wusste, dass irgendetwas Schlimmes passiert war.« Später im Leben können belastende Erlebnisse, innere Spannungen und zwischenmenschliche Konflikte wiederum dazu führen, dass der seelische Schmerz derart intensiv wird, dass es nicht mehr zum Aushalten ist. Dann schaltet das Gehirn sozusagen ab, die Betroffenen scheinen vordergründig noch bei Bewusstsein, spüren sich aber nicht mehr. Sie laufen vielleicht ziellos davon, oder ziehen sich in innere Fantasien zurück. Manche verletzen sich selbst, ohne Schmerz zu verspüren. Die Erfahrungen während dieser Zeit der Dissoziation bleiben oft in einer verstecken Besenkammer des Bewusstseins, an die die Erinnerung kaum herankommt. Die Betroffenen können sich am nächsten Tag nicht erinnern, merken aber manchmal, dass irgendetwas passiert sein muss.

Ein Beispiel: Eine junge Frau mit einer Borderlinepersönlichkeit wachte eines Morgens auf und merkte, dass ihre Jacke mit Blut verschmiert war. Um den linken Unterarm hatte sie einen Verband. Die Schuhe waren schmutzig, in der Küche lag ein Faltblatt, das sie nicht hereingebracht hatte. Sie wusste, irgendetwas war am Vorabend geschehen, aber sie konnte sich nicht mehr erinnern. Erst mit Hilfe der Nachbarin konnte sie die Szene rekonstruieren. »Du hattest doch gestern Besuch von deinem Ex-Freund! Und ihr habt euch so laut gestritten, dass ich fast jedes Wort verstanden habe. Schließlich hast du ihn weggeschickt. Um half elf bist du auch noch einmal weggegangen. Etwa gegen ein Uhr hat dich eine Polizistin heimbegleitet. Du seist im Tram aufgefunden worden, wie in einem Traumzustand, mit blutenden Schnitten in deinem Unterarm.«

So gaben auch in der Studie alle an, sie könnten ihre »Gefühle abstellen«, sich selbst mit den Gefühlen herausnehmen aus einer Situation, sich nicht mehr zu spüren oder »abschalten«. Wenn sie auf diese Weise nicht ihre Gefühle abstumpfen konnten, dann suchten sie Ablenkung in hektischen Aktivitäten, in Drogen oder Alkohol.

Die Betroffenen sehen ihre Wohnung oder ihr Zimmer als »sicheren Hafen«, als »Zufluchtsort«, wo sie sich zurückziehen können, außer in Zeiten, wo sie stark depressiv waren. Dann war es gefährlich, allein zu sein, weil dann der

Impuls am größten wurde, sich zu verletzen oder immer höhere Dosen von Medikamenten zu nehmen, um abzuschalten. Die meisten haben gelernt, in diesen Zeiten das Alleinsein zu vermeiden; sie gehen raus, laufen ziellos durch Einkaufsstraßen, wo sie niemand kennt. Sie sind dann draußen aus der quälenden Enge, ohne den Stress naher Beziehungen zu haben.

Besonders anstrengend seien Beziehungen zu anderen Menschen. »Wie bringe ich mich ein ins Gespräch obwohl ich so Angst habe und mich so wertlos fühle?« Auch diejenigen, die nach außen aktiv wirken, berichten, wie sie ihre Minderwertigkeitsgefühle durchbrechen müssen. Jede Begegnung ist eine Riesenanstrengung. Danach fühlen sie sich ausgepumpt, kraftlos, wie nach einem schlechten Rausch.

SCHNEID-SUCHT

Langsam schleicht sich
der Gedanke bei mir ein.
Zuerst leise, dann immer lauter.
Schneide dich,
und es wird den Schmerz, der in dir ist, übertönen.
Das hämische Gelächter
läßt mich nicht mehr los,
bis ich tief verletzend
mich geschnitten habe
und dann niederschmetternd feststelle
– ich schaffe den letzten Schnitt nicht.
Und so gebe ich dem Lachen in mir Raum,
lache mich selber aus,
verhöhne mich,
lasse mir keine Ruhe,
bis der Schmerz am Handgelenk
so groß ist, dass mein Innerstes übertönt wird.
Ich kann mich nicht wehren
gegen diesen Zwang,
bin ihm ausgeliefert,
bin in ihm Gefangene.
Das Schneiden wird für mich zur Sucht.
B.B.

SELBSTVERLETZUNG (AUTOAGGRESSION)

Selbstverletzungen sind bei Menschen mit Borderline-Störungen häufig. Allerdings lässt sich aus der Selbstverletzung allein noch nicht die Diagnose einer Borderline-Störung stellen. Die Autoren eines Fachartikels betrachten deshalb Selbstverletzungen »eher als suchtartiges Verhalten denn als Ausdruck einer spezifischen Störung.«

Selbstverletzungen erfolgen in der Regel nicht als Suizidversuch. Vielmehr dienen sie den Betroffenen dazu, »sich selbst zu spüren«. Häufig erleben die Betroffenen vor der Selbstverletzung einen intensiven inneren Konflikt, die Erinnerung an belastende Ereignisse, eine Enttäuschung oder eine aktuelle neue seelische Verletzung. Sie berichten häufig, dass sie sich dann nicht mehr spüren, ja Angst haben, sich zu verlieren (Dissoziation, Depersonalisation). Dieses Gefühl der Taubheit und der Entfremdung kann auch als Schutz dienen, unter dem intensiven seelischen Schmerz nicht zu zerbrechen. Die Betroffenen meinen dann keinen anderen Weg mehr zu haben, mit den schmerzlichen Gefühlen umzugehen. Die Selbstverletzung dient dann dazu, sich wieder zu spüren oder den seelischen Schmerz mit dem Körperschmerz zu übertönen. Allerdings kann sich das Muster der Selbstverletzung dann suchtartig verselbständigen, sodass es oft auch ohne die ursprünglichen Auslöser auftritt (vgl. nebenstehendes Gedicht).

Dabei spielen zwei Faktoren eine Rolle:

a) Entlastung: die Selbstverletzung mindert den seelischen Schmerz;
b) Manipulation: sie merken, dass sie mit ihrer Selbstverletzung die Umgebung (Eltern, Vorgesetzte, Betreuer) in Alarm versetzen und etwas erreichen können.

SELBSTVERLETZUNG IN FRÜHEREN ZEITEN

Auch in der Geschichte sind Beispiele von Selbstverletzung bekannt. Dabei ist zu unterscheiden zwischen Selbstverletzungen, die Bewunderung einbrachten und sozial akzeptiert wurden und denjenigen, die auf Ablehnung stießen. Sozial akzeptiert wurden historisch selbstverletzende Handlungen oft aus religiösen Motiven: Indianische Krieger ritzen sich blutig, um Regen zu erbitten; im Mittelalter zogen »Flagellanten« durch Europa, die sich öffentlich geißelten, um für die Sünden des Volkes Buße zu tun und die Pest abzuwehren. In der mittelalterlichen Literatur werden mehrfach heilige Frauen

Tabelle 3-2: Formen der Selbstverletzung bei 240 Frauen

Schnitte	72 %
Hautverbrennungen (z.B. mit Zigaretten)	35 %
Schlagen von Körperteilen	30 %
Verhindern der Wundheilung	22 %
Kratzen	22 %
Haar-Ausreißen	10 %
Knochenbrüche	8 %
Verletzte Körperteile:	
Arme, spez. Unterarme und Handgelenke	74 %
Beine	44 %

Bauch (25 %), Kopf (23 %), Brust (18 %), Geschlechtsteile (8 %).

(häufig Nonnen) beschrieben, die in ihrer Askese mit Fasten und Selbstgeißelung weit über das übliche Maß ihrer Mitschwestern hinausgingen. Manche Aspekte früherer Selbstverletzung und heutiger Beobachtungen lassen sich vergleichen:

- Selbstverletzung wird vor allem von jungen Frauen praktiziert.
- Selbstverletzung wird in einem Zustand erhöhter emotionaler Erregung begangen.
- Das Ziel ist es, einen anderen Bewusstseinszustand oder eine Stimmungsveränderung zu erreichen.
- Es gibt einen wichtigen öffentlichen Faktor bei Selbstverletzungs-Handlungen: Die sich selbst verletzende Person zeigt ihre Wunden in der Öffentlichkeit, und die Gesellschaft reagiert darauf, indem sie gleichzeitig für die Person sorgt, sie beschützen will, aber sie auch kritisiert und abwertet.
- Oft wird die Person, die sich selbst verletzt, für nicht voll verantwortlich betrachtet, weil sie entweder in Trance (Mittelalter) oder in Dissoziation (heute) ist.

Doch es gibt auch Unterschiede:

- Die selbstverletzende Person im Mittelalter wurde geprägt durch das Bild vom gekreuzigten Christus, während die moderne Person durch das Bild des missbrauchten Kindes verfolgt wird.
- Das Ziel der mittelalterlichen Askese bzw. Selbstverletzung war es,

die geistigen Hindernisse und die fleischlichen Lüste zu kreuzigen, die die Person von der mystischen Einheit mit Gott abhielten. Das moderne Ziel ist es hingegen, zerstörerische Bilder und quälende Erinnerungen zum Verschwinden zu bringen, die eine Person daran hindern, einen friedlichen Seelenzustand zu erreichen.

ANDERE FORMEN SELBSTSCHÄDIGENDEN VERHALTENS

Geldausgeben: Bei manchen seelisch instabilen Persönlichkeiten kommt es zu einer wahrhaften Kaufsucht. Das Einkaufen wird zur Sucht, die vorübergehend seelischen Schmerz dämpft. »Es tut mir einfach gut!« sagte mir eine Patientin, »aber nachher bin ich wieder entsetzt, wie viel ich ausgegeben habe für unnötige Sachen!« Eine andere versuchte ihre Kaufsucht von christlichen CDs, Bildkarten und Büchern zu rationalisieren: »Ich möchte doch nur anderen Freude machen. Wenn ich selbst schon nicht geliebt werde, sollen andere wenigstens ein Zeichen meiner Liebe erhalten.« – Durch ihr Verhalten zwang sie den Ehemann, ihr die Kreditkarte wegzunehmen, nur um ihm vorzuwerfen: »Du bevormundest mich ständig! Du traust mir nichts zu!« An diese Stelle gehört auch die Sucht der Glücksspieler, die trotz Schulden immer wieder in die Glitzerwelt der Casinos abtauchen, wo sie wenigstens für einige Stunden ihr Elend verdrängen können, um nachher umso mehr unter zerbrochenen Beziehungen und beruflichem Absturz zu leiden.

Riskantes Autofahren: In unserer westlichen Gesellschaft wird das Auto zunehmend zu einem Instrument, mit dem Flucht und Risikoverhalten ausgelebt werden. Nicht wenige Patienten haben mir beschrieben, wie sie nach eine m Konflikt aus dem Haus stürzen und ziellos in der Gegend herumfahren, manchmal, obwohl sie vorher noch vier Tabletten Valium geschluckt haben. Andere fahren bewusst mit überhöhter Geschwindigkeit: »In diesen Momenten ist es mir egal, gegen eine Mauer zu fahren. Dann wäre ich wenigstens tot!« Dass sie damit auch andere Menschen gefährden, daran denken sie nicht.

Auch die *Sexualität* kann so zum Roulette mit unsicherem Ausgang werden. Die Sehnsucht nach Nähe und Geborgenheit führt bei manchen Betroffenen zum Geschlechtsverkehr mit Zufallspartnern ohne Kondom. Die Gefahr, sich dabei AIDS oder andere Krankheiten zu holen, wird verdrängt oder bewusst in Kauf genommen.

Bewusste Inkaufnahme von Risiken: Eine Frau spaziert nachts um 1 Uhr durch einen dunklen Stadtpark. »Haben Sie keine Angst vor einem Überfall oder einer Vergewaltigung?« »Ach – in diesen Momenten ist mir alles egal. Ich leide schon genug.«

Substanzmissbrauch: »Ich weiß, dass Drogen eigentlich schädlich sind. Aber vielleicht kann der Kick mich aus meiner Leere herausreißen. Mir ist egal, was die andern über mich denken; ich hasse ihr ganzes fürsorgliches Getue. Jetzt besorge ich mir etwas, das meinem Leben einen neuen Impuls geben kann!«

SUIZIDALITÄT (SELBSTMORDGEFÄHRDUNG)

Suizidalität ist die wohl schwerste Auswirkung von Borderlinestörungen. Oft ist die Verzweiflung über die innere Leere, die Erinnerung an schmerzliche Erfahrungen und die Angst vor erneuten Verletzungen so überwältigend, dass die Betroffenen keinen anderen Ausweg mehr sehen können.

Die häufigen Suiziddrohungen und die ernsthaften Versuche können für Angehörige und Helfer sehr belastend sein. Sie sind hin- und hergerissen zwischen innerem Alarm und Sorge um die betroffene Person und der Unmöglichkeit, ständig die Verantwortung für deren Leben zu übernehmen. Oft entwickeln sich Erschöpfung und Rückzug bei den Betreuern, was ihnen dann wieder als Im-Stich-lassen ausgelegt wird.

Bei einer ernsthaften Suizidalität ist eine Hospitalisation oft der einzige Weg zur Entlastung. Somit überrascht es nicht, dass bei einer Hospitalisation in den meisten Fällen Suizidalität oder ein Suizidversuch der Anlass für die Einweisung ist. Manchmal sind diese Aufenthalte nur kurz, weil die Suizidalität bereits nach kurzer Zeit wieder abklingt.

BORDERLINE UND SEXUALITÄT

Sexuelle Schwierigkeiten sind bei Borderlinepatientinnen häufig: Die folgenden Beispiele sind stark verfremdet, geben aber in den Kernaussagen etwas von der Not der Betroffenen wieder. Ich denke an ein junges Ehepaar, das in die Beratung kam. Sie war eine sehr attraktive, modisch gekleidete, künstlerisch hochbegabte junge Frau. Hinter der glänzenden Fassade verbarg sich eine chaotische Kindheit, die nicht nur durch wechselnde Männerbeziehungen ihrer Mutter getrübt war, sondern auch durch sexuelle Übergriffe ihres Onkels. Der Ehemann war ein ruhiger, etwas zurückhaltender Angestellter aus einer geordneten Familie. Sie lernten sich in einer christlichen Jugendgruppe kennen, und er war sofort von ihrer Schönheit und ihrer lebhaften, chaotischen Art angesprochen, die ihn aus seinem Alltagstrott herausriss. In der Zeit vor der Heirat war sie schon sehr zurückhaltend mit Zärtlichkeiten, »weil ich warten will bis zur Ehe«. Doch auch nachher reagiert sie auf seine Avancen sehr zurückhaltend und verletzt. Wenn es doch einmal zum Geschlechtsverkehr kommt, kann sie plötzlich anfangen zu weinen und sich wegdrehen, noch bevor er zum Höhepunkt kommt. In ihr kommen dann immer wieder Bilder ihrer schamlosen Mutter hoch, aber auch die Erfahrungen mit ihrem Onkel.

Doch es gibt auch andere Erlebnisformen, wie die folgenden Zitate belegen:

»Der einzige Weg, wie ich mir Beziehungen erkaufen kann, geht über meinen Körper. Obwohl ich mich selbst hässlich finde, sagen mir die Männer immer wieder, wie attraktiv ich sei. Schon als Teenager haben sie ständig versucht, mich zu begrapschen. Meinen einzigen Orgasmus hatte ich beim Petting mit 17, danach nie mehr. Ich verachte mich für meine ständig wechselnden Beziehungen. Einerseits ist es ein Gefühl der Macht, Männer anmachen zu können, andererseits will ich gar keinen Sex, nur Nähe und Geborgenheit. Aber ich glaube, um Liebe zu erhalten, muss ich alles tun, was die andern wollen, sonst verlassen sie mich.« (eine 35-jährige geschiedene Frau)

»Ich habe so einen Mangel an Zärtlichkeit, dass ich mich gar keinem Mann zuwenden kann, obwohl dies längst mein Wunsch ist. Denn Männer habe ich noch nie zärtlich und liebevoll erlebt. Das erste Mal wurde ich von meinem Halbbruder vergewaltigt und später ließ ich alles willenlos über mich ergehen, obwohl ich es gar nicht wollte.« (eine 30-jährige ledige Hilfspflegerin)

»Sexualität habe ich schon mit 11 erlebt, durch den Freund meiner Mutter. Sie schimpfte mich immer an, weil ich ihren Wünschen nach einer neuen Karriere im Wege stand. Er hingegen war zärtlich zu mir, zu zärtlich ... Ich hatte ein paar Männerbeziehungen, aber ließ einfach mit mir geschehen, was sie wollten. So war ich wenigstens nicht allein. Heute lebe ich mit einer Frau zusammen. Ich weiß nicht, ob ich lesbisch bin, aber das kommt ganz darauf an, wer mir gerade Liebe gibt.« (Die heute 38-jährige Tochter einer Schauspielerin)

»Mit meinem Mann habe ich eigentlich eine gute Beziehung, auch im sexuellen Bereich. Aber als ich diese Krise hatte, da verlor ich jeden inneren

Halt. Ich wollte sterben, oder hinaus auf die Straße, um Drogen einzukaufen. Mein Körper schrie nach Zuwendung, aber meinen Mann stieß ich von mir. Ich wanderte nachts ziellos durch die Straßen, bis in die Rotlichtviertel – und es wäre mir egal gewesen, mit irgendjemandem in die Wohnung mitzugehen.« (eine 32-jährige Pfarrfrau während einer Borderline-Krise)

SCHWARZ-WEIß-DENKEN

Immer wieder wird bei Borderlinepatienten eine Neigung beschrieben, in Schwarz-Weiß-Kontrasten zu denken. Zwischentöne gibt es nicht. Ja mehr noch, sie schwanken oft in kürzester Zeit zwischen den Extremen hin und her. Das kann sie enorm unberechenbar machen, was für eine stabile Beziehung oft sehr belastend ist. Abbildung 3-1 gibt einen grafischen Eindruck dieser widerstrebenden Persönlichkeitszüge:

Abbildung 3-1: Gegenpole der Persönlichkeit (nach Kreisman & Straus)

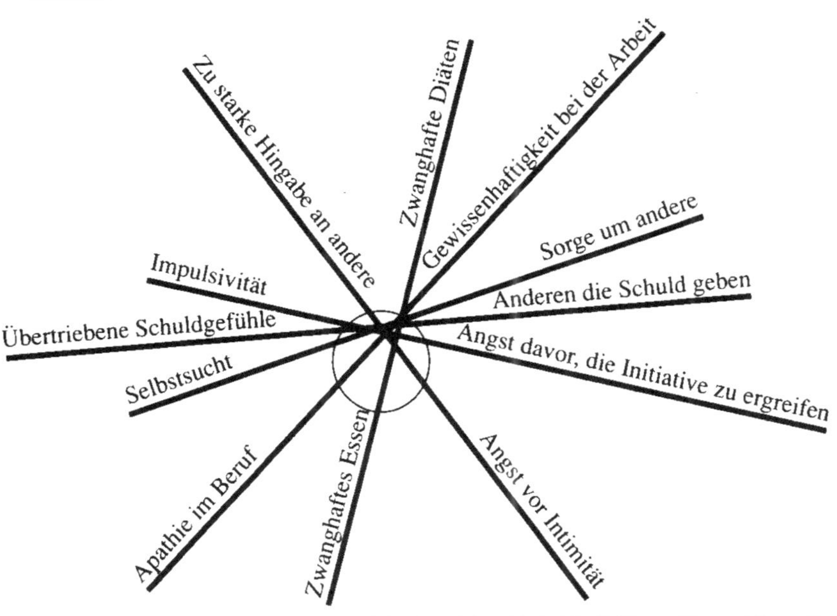

PSYCHOTISCHE DURCHBRÜCHE

Ein besonders schwer verständliches Element bei Borderlinestörungen sind psychotische Durchbrüche, die unter starken Belastungen entstehen können. Unter einer Psychose versteht man den (teilweisen) Verlust der Fähigkeit, Gefühle, Denken und Verhalten zu kontrollieren und an die Wirklichkeit anzupassen. Psychotisches Erleben wird beispielsweise durch folgende Fragen erfasst:

- Haben Sie während der letzten drei Monate gefühlt, dass die Dinge um Sie herum unwirklich waren? So als würden Sie Ihre Gestalt und Größe verändern? So als wenn Sie im Traum wären oder dass etwas zwischen Ihnen und dem was Sie sehen wäre – wie eine Fensterscheibe?
- Haben Sie sich jemals unwirklich gefühlt? So als wenn Ihnen Ihr Körper oder Teile davon fremd wären oder verändert vorkamen, obwohl in Wirklichkeit nichts passiert war? Haben Sie sich so gefühlt, als wären Sie außerhalb ihrer selbst? Haben Sie sich körperlich von Ihren Gefühlen getrennt wahrgenommen?
- Dazu können vorübergehend weitere psychotische Erlebnisse kommen: Hören von Stimmen und Geräuschen, obwohl niemand da ist; Gefühl der Beeinflussung oder Kontrolle der Gedanken durch andere; Gefühl der Gedankenausbreitung; Verdacht, andere reden oder lachen über sie; Verdacht, ander Leute hätten die Absicht, sie zu verfolgen oder zu verletzen.

Die folgenden drei Beispiele sollen etwas von der Vielgestaltigkeit solcher Durchbrüche illustrieren:

Paranoide Beschuldigungen gegen Umgebung: Elisabeth, eine 29-jährige Sozialarbeiterin, verheiratet mit einem Sozialarbeiter, 2 Kinder, allgemein stürmische Ehebeziehung. Nach einem Ehestreit zieht der Ehemann aus dem gemeinsamen Schlafzimmer aus und schläft im Büro. Die Frau bleibt allein zurück, mit einem zunehmenden Gefühl der Verlassenheit und Hoffnungslosigkeit. Zuerst fällt sie in einen unruhigen Schlaf. Nachts um 2 Uhr schreckt sie auf, vor Horror versteinert in der Gewissheit: »Mein Mann will mich umbringen«. Sie rennt im Nachthemd durch die Straßen, schreit laut um Hilfe, findet schließlich in panischer Angst eine Telefonzelle, von wo sie die Polizei anruft, die bei einem Augenschein den Ehemann wirklich im Büro antrifft, selbst sehr deprimiert, ohne Anzeichen für eine begründete Angst der Patientin.

Vorübergehende Wahrnehmungs- und Erlebnisstörung: Dagmar, eine 27-jährige, erfolgreiche und gut aussehende TV-Journalistin, alleinerziehende Mutter einer 5-jährigen Tochter, wird von ihrem Ex-Mann, einem Möbel-Designer, bedrängt, ihm das Kind für drei Wochen in die Ferien zu geben. Er wolle es zusammen mit seiner neuen Freundin mit in den Urlaub nach Gran Canaria nehmen. Doch die Kleine möchte nur mit ihrer Mutti in die Ferien. Dagmar hat eine heftige Auseinandersetzung mit ihrem Ex-Mann. Es brechen wieder intensive Erinnerungen an die Zeit mit ihm auf. Sie kann nicht mehr schlafen, hat plötzlich wieder das Reißen nach Drogen, sieht die ganze Umgebung »wie durch Zellophan«, entwickelt panische Angst. Nach der Klärung des Konflikts und unter der kurzfristigen Behandlung mit einem antipsychotischen Medikament beruhigt sie sich innert weniger Tage und ist wieder in der Lage, ihre anspruchsvolle Aufgabe mit ihrem bekannten Lächeln am Bildschirm zu erfüllen.

Das dritte Fallbeispiel kommt vor allem durch das Bild zum Tragen. Gemalt wurde es von einer jungen Frau mit einem Borderline-Syndrom. Es illustriert eindrücklich die Angst vor dem psychotischen Verschlungenwerden. Es entstand nach einer Begegnung mit ihrem Vater, der sich vor Jahren von ihrer Mutter hatte scheiden lassen und der ihr in der Kindheit oft sehr gewalttätig begegnet war.

Was ist diesen Fallbeispielen gemeinsam? Vor allem in den beiden ersten Fallbeispielen bestand eine Persönlichkeit mit emotionaler Instabilität, ohne dass sie ständig darunter gelitten hätten. Beide haben aber das Leben erstaunlich gut gemeistert. Beide leben in spannungsgeladenen Paarbeziehungen. Der akute Stress von Auseinandersetzungen führte schließlich zur Dissoziation, zur psychotischen Entgleisung. Die Malerin des Bildes erlebte durch die Begegnung mit ihrem Vater ein Wiederaufflammen der schweren seelischen Wunden ihrer Kindheit, die sie emotional nicht mehr verkraften konnte.

Tab. 3-3: Fragebogen für Borderline-Störungen

ANLEITUNG:
Die folgenden Sätze umschreiben Gedanken, Gefühle und Erfahrungen, die manche Me
schen häufiger als andere machen. Bitte lesen Sie jeden Satz durch und kreuzen Sie die
nige Antwort an, die für den Zeitraum der letzten Woche am ehesten für Sie zutrifft.

		Ja	Nei
1.	Ich habe nie das Gefühl dazuzugehören.	O	
2.	Ich habe Angst, verrückt zu werden.	O	
3.	Ich möchte mich selbst verletzen.	O	
4.	Ich habe Angst, enge persönliche Beziehungen einzugehen.	O	
5.	Oft scheint jemand zuerst großartig, doch dann werde ich von der Person enttäuscht.	O	
6.	Menschen enttäuschen mich häufig.	O	
7.	Ich habe den Eindruck, dass ich mit dem Leben nicht fertig werde.	O	
8.	Es scheint lange her, seit ich mich zuletzt glücklich gefühlt habe.	O	
9.	Ich fühle mich innerlich leer.	O	
10.	Ich habe den Eindruck, dass mein Leben außer Kontrolle geraten ist.	O	
11.	Ich fühle mich meistens einsam.	O	
12.	Ich bin eine andere Person geworden, als ich sein wollte.	O	
13.	Ich habe Angst vor allem Neuen.	O	
14.	Ich habe Schwierigkeiten, mich an Dinge zu erinnern.	O	
15.	Es ist schwer für mich Entscheidungen zu treffen.	O	
16.	Ich habe das Gefühl, dass um mich herum eine Wand ist.	O	
17.	Ich bin oft nicht ganz sicher, wer ich bin.	O	
18.	Ich habe Angst vor der Zukunft.	O	
19.	Manchmal habe ich das Gefühl auseinanderzufallen.	O	
20.	Manchmal habe ich Angst, in der Öffentlichkeit ohnmächtig zu werden.	O	
21.	Ich habe nie soviel erreicht, wie ich eigentlich könnte.	O	
22.	Ich fühle mich, als würde ich mich selbst dabei beobachten, wie ich eine Rolle spiele.	O	
23.	Meine Familie wäre besser dran ohne mich.	O	
24.	Ich denke immer mehr, dass ich überall den „Kürzeren“ ziehe.	O	
25.	Ich kann nicht sagen, was ich als nächstes tun werde.	O	
26.	Wenn ich mich in eine Beziehung einlasse, fühle ich mich wie in einer Falle.	O	
27.	Keiner liebt mich.	O	
28.	Ich kann oft nicht unterscheiden, was wirklich passiert ist und was ich mir nur eingebildet habe.	O	
29.	Die Menschen behandeln mich wie „ein Ding“.	O	
30.	Manchmal kommen eigenartige Gedanken in meinen Kopf und ich kann sie nicht loswerden.	O	

	Ja	Nein
1. Ich habe den Eindruck, dass mein Leben hoffnungslos ist.	O	O
2. Ich habe keinen Respekt vor mir selber mehr.	O	O
3. Ich scheine in einem Nebel zu leben.	O	O
4. Ich bin ein Versager.	O	O
5. Es macht mir Angst, Verantwortung für jemanden zu übernehmen.	O	O
6. Ich habe den Eindruck, dass ich nicht gebraucht werde.	O	O
7. Ich habe keine wirklichen Freunde.	O	O
8. Ich habe den Eindruck, dass ich mein eigenes Leben nicht im Griff habe.	O	O
9. Ich fühle mich in einer Menge unwohl (z.B. beim Einkaufen oder im Kino).	O	O
10. Ich habe Schwierigkeiten Freundschaften zu schließen.	O	O
11. Es ist zu spät zu versuchen, eine eigenständige Person zu werden.	O	O
12. Es ist schwer für mich, einfach still zu sitzen und zu entspannen.	O	O
13. Ich habe den Eindruck, als ob andere Menschen mich lesen könnten wie ein offenes Buch	O	O
14. Ich habe oft das Gefühl, dass jetzt gleich etwas geschehen wird.	O	O
15. Ich werde von Mordgedanken geplagt.	O	O
16. Ich fühle mich oft nicht sicher, ob ich eine wirkliche Frau (ein wirklicher Mann) bin.	O	O
17. Ich habe Schwierigkeiten, Freundschaften aufrechtzuerhalten.	O	O
18. Ich hasse mich selbst.	O	O
19. Ich habe oft Sex mit Menschen, die mir nichts bedeuten.	O	O
20. Ich habe Angst auf weiten Plätzen und Straßen.	O	O
21. Manchmal rede ich einfach, um mich zu überzeugen, dass ich existiere.	O	O
22. Manchmal bin ich nicht ich selber.	O	O

USWERTUNG Mittelwerte

ählen Sie die Anzahl Ja-Antworten.
; ergaben sich folgende Mittelwerte:

›rderline-Patienten	23,87
npassungsstörungen	06,83
ychotische Depression	22,67
hizophrenie	16,00
ɛaktive Depression	17,13
rsönlichkeitsstörungen	16,32

JELLE: Conte H. R. et al. (1980): elf-Report Borderline Scale. Journal of Nervous and ıtal Disease 168:428–435.

BEACHTE:

Der Fragebogen darf allein nicht die Grundlage für die Diagnose einer Borderline-Störung sein, aber ein hoher Wert ergibt zusammen mit dem klinischen Eindruck doch einen deutlichen Hinweis auf eine solche Störung.

Als zuverlässigstes Instrument gilt heute das 16-seitige Diagnostische Interview für das Borderlinesyndrom (DIBS-R), Beltz, Weinheim.

Meist lassen sich solche psychotische Episoden durch klärende Gespräche, eine allgemeine Beruhigung der Situation und durch medikamentöse Unterstützung wieder auffangen.

ERARBEITEN DER SYMPTOMMUSTER

Hilfreich für die Erarbeitung von Symptommustern kann es sein, wenn die Betroffenen einen Fragebogen zum Erleben ihrer Störung ausfüllen, der besonders auf Borderlinestörungen ausgerichtet ist (Tabelle 3-3). Die Formulierungen können gleichzeitig auch als Einstieg in ein besseres Verständnis des Erlebens werden und zur Grundlage einer besseren therapeutischen Beziehung werden.

URSACHEN DER BORDERLINESTÖRUNG

Die Frage drängt sich auf: Wie kommt es eigentlich zu den schwerwiegenden Auswirkungen einer Borderlinestörung? Was steht hinter der starken Instabilität der Gefühle? In der Forschung haben sich vier Faktoren herauskristallisiert:

1. Traumatisierung in der Kindheit: Die therapeutischen Erfahrungen und wissenschaftliche Studien weisen darauf hin, dass die meisten Patienten mit einer Borderlinestörung in der Kindheit vielfältige seelische Verletzungen durchgemacht. Je schwerer die Traumatisierung, desto ausgeprägter ist das Muster seelischer Instabilität. In einer Studie zeigte sich ein Zusammenhang zwischen der Schwere der frühkindlichen Traumatisierung und der Ausprägung des Borderlinesyndroms. Im Vordergrund der Traumatisierungen liegen körperliche und emotionale Misshandlung, sexueller Missbrauch und das Miterleben von Gewalt in der Familie. Dabei wurde sorgfältig differenziert: Es gibt Alltagsgewalt, wie Raufereien in der Schule, und »kulturell übliche Körperstrafen« (wie z.B. eine Ohrfeige oder nicht-verletzende Schläge auf den Hintern). Diese fügen der kindlichen Seele in der Regel keinen bleibenden Schaden zu, weil sie eingebettet sind in ein geordnetes und tragendes familiäres Umfeld. Worum es geht, ist außergewöhnliche und unberechenbare Gewalt. Die Geschichten, die man in der Sprechstunde hört, sind oft erschütternd und man wagt kaum, sie in Worten wiederzugeben, weil selbst die Vorstellung schon beinahe körperlichen Schmerz beim Leser auslösen kann.

Extremgewalt ist beispielsweise der Versuch eines alkoholisierten Stiefvaters, seine vierjährige Tochter im WC zu ertränken. Ein Beispiel für emotionale Misshandlung ist eine Mutter, die ihren 8-jährigen Sohn wegen eines geringgradigen Vergehens ohne Essen in sein Zimmer einsperrt und dann das Haus für Stunden verlässt, ohne daran zu denken, dass das Kind Hunger haben könnte oder auf die Toilette gehen müsste. Das Miterleben von Gewalt in der Familie ist für ein Kind traumatisch, selbst wenn es nicht persönlich angegriffen wird. Gerade in Alkoholikerfamilien kann es zu grässlichen Szenen kommen, die sich unauslöschlich in die zarte Psyche eines Kindes eingraben können. Die Angst und Hilflosigkeit, die es dabei erlebt, kann ihm den Boden der seelische Stabilität entziehen und es anfällig machen für eine lebenslange Instabilität. Mit dem Problem des sexuellen Missbrauchs beschäftigt sich ein späteres Kapitel. Auch hier muss man sorgfältig unterscheiden. Während harmlose »Doktorspiele« zwischen Gleichaltrigen gar nicht als Missbrauch gewertet wurden, ergibt sich bezüglich des Schweregrades eine weite Spanne vom einmalig aufgezwungenen Zungenkuss bis zu schwersten, wiederholten sexuellen Handlungen unter Gewaltandrohung.

Nun also zu den Ergebnissen der erwähnten Studie: 81 Prozent der untersuchten Borderlinepatienten hatten schwere Kindheitstraumata erlebt. 71 Prozent waren körperlich misshandelt worden, 67 Prozent sexuell missbraucht und 62 Prozent mussten Gewalt in der Familie miterleben.

2. Familienkonstellation: Menschen mit einer Borderlinestörung berichten häufig über schwierige Familienverhältnisse, wenig Zusammenhalt der Eltern, Überforderung der Eltern, Unfähigkeit, ihnen Geborgenheit zu geben. Sie erlebten häufig Streit, Alkoholprobleme und wurden Zeuge von depressiven Phasen ihrer Eltern bis hin zu Suizidversuchen. Häufig müssen die betroffenen Kinder viel zu früh Verantwortung übernehmen, beispielsweise den betrunkenen Vater aus dem Wirtshaus holen, oder den Nachbarn gegenüber den depressiven Rückzug und die Verwahrlosung der Mutter irgendwie vertuschen. Oft müssen Mädchen die Verantwortung für die jüngeren Geschwister übernehmen und versuchen, ihnen durchs Leben zu helfen, weil keiner mehr da ist, der sie sonst unterstützen würde.

3. Gehäufte Verluste in der Kindheit: Borderlinepatienten haben in ihrer Kindheit häufiger als andere Kinder die Scheidung ihrer Eltern oder den frühen Tod eines Elternteils erlebt. Sie wurden häufiger fremdplatziert und erlebten vermehrt wechselnde Bezugspersonen. An dieser Stelle muss aber auch darauf hingewiesen werden, dass Heranwachsende mit einer Borderlinestruktur eine enorme Belastung für ihre Eltern bzw. für ihre Betreuer werden können. Selbst wohlmeinende Menschen, die derart instabile Jugendliche in ihre Familie aufnehmen, kommen an den Rand ihrer Kräfte durch die intensiven und stark wechselnden Beziehungen. »Manchmal kann sie so lieb sein und sich an mich anlehnen«, erzählt die Pflegemutter einer 17-Jährigen. »Aber wenn ich ihr dann einmal etwas nicht erlauben kann, wird sie unglaublich zornig, schlägt die Türen, dass sie fast aus den Füllungen fallen und rennt aus dem Haus in die Dunkelheit. Wir haben sie schon mehrmals voller Angst gesucht, weil sie noch nach Mitternacht nicht zurück war. Letzthin ließ sie sich von einem Mann nach Hause nehmen, den sie gar nicht kannte. Wir können die Verantwortung nicht mehr übernehmen. Jetzt beginnt unsere Ehe zu leiden!« Man kann sich vorstellen, wie durch solche Vorkommnisse ein Teufelskreis von Beziehungsabbrüchen in Gang kommt, in dem die Ursachen nicht mehr eindeutig zuzuschreiben sind.

An dieser Stelle ist auch ein Wort der Vorsicht angebracht: Obwohl sich in der Vorgeschichte vieler Borderline-Persönlichkeiten eine Traumatisierung in der Kindheit findet, lassen sich daraus zwei Dinge ableiten: a) Nicht jede Traumatisierung in der Kindheit führt zu einer Borderlinestörung. b) Nicht jede Borderline-Persönlichkeit weist in der Kindheit eine extreme Traumatisierung auf. Deshalb ist zur Abrundung der Ursachen ein weiterer Faktor wichtig, nämlich die erbliche Disposition:

4. Biologische bzw. erbliche Anlage: Obwohl sich bei vielen Borderlinepatienten eine schwierige Kindheit findet, erklärt diese allein noch nicht das Auftreten einer so schweren Störung. Offensichtlich braucht es auch eine seelische Anfälligkeit (Disposition), auf schwere Erlebnisse mit längerdauernden Schwankungen zu reagieren. Ein Hinweis auf eine genetische Anlage ergibt sich aus der Tatsache, dass in der Verwandtschaft von Borderlinepatienten etwa fünfmal häufiger Persönlichkeitsstörungen und schwere psychische Krankheiten auftreten als in der Normalbevölkerung. Besonders häufig sind die Eltern selbst betroffen. Sie sind dann oft nicht in der Lage, ihren Kindern die nötige Geborgenheit zu vermitteln, die sie brauchen würden. Nicht selten verbringen die Eltern wegen ihrer Probleme viele Monate in der Klinik und machen wegen ihrer Krankheit einen sozialen Abstieg.

Nun würde man hoffen, ein Wechsel des Kindes in ein stabiles Umfeld, z.B. durch eine Adoption, könnt diesen zerstörerischen Einfluss kranker Eltern aufheben. Doch es sind nicht nur die traumatischen Erfahrungen, sondern auch die Gene, die Kinder mitbekommen. Ein Beispiel: Martina, 22, kam auf Drängen ihrer Eltern in die Sprechstunde, weil sie das Leben einfach nicht mehr aushielt und zunehmend ein klassisches Muster von vielfältigen Borderlinesymptomen zeigte. Die Eltern waren sehr feine Menschen, die in geordneten Verhältnissen lebten und versuchten, Martina ein gutes Umfeld zu geben. Ich konnte weder in der Persönlichkeit der Eltern, noch in der Art ihrer Erziehung Gründe für eine Borderlinestörung finden. Und doch litt (die übrigens hochintelligente) Martina an diesen ständigen Schwankungen, heftigen Gefühlsausbrüchen, Beziehungs- und Schulabbrüchen, Zerstörungswut, Freß-Brechsucht und wiederholter Suizidalität. Was stand dahinter? Martina war bald nach der Geburt adoptiert worden. Ihre leibliche Mutter litt an einer schweren psychischen Störung und sah sich nicht in der Lage, das unehelich geborene Baby zu erziehen. Martina hatte also ein stabiles Familienumfeld ohne außergewöhnliche seelische Verletzungen. Aber in ihren Genen trug sie die Disposition zu psychischen Problemen in sich, die sich zunehmend unbarmherziger über ihr ganzes Leben legten.

Ein letzter Hinweis: Die biologische Anfälligkeit drückt sich auch in einem mangelnden Gleichgewicht der chemischen Überträgerstoffe im Gehirn aus. Dies könnte erklären, warum Medikamente manchmal zu einer eindrücklichen Besserung der Störung führen können.

Betrachtet man diese vier großen Gruppen von möglichen Ursachen für eine Borderlinestörung, so ist es wichtig zu verstehen, dass es hier zu einem Zusammenspiel kommt, das sich schließlich im einzelnen Lebensschicksal fast unentwirrbar verknotet, ein unüberschaubares Muster von frühkindlicher Sensibilität, Sehnsüchten und seelischen Verletzungen, von intensiven Beziehungen und Enttäuschungen, von erlittenem Unrecht und eigenem Fehlverhalten, von Selbstheilungsversuchen und ernüchternder Entmutigung. Jedes Schicksal ist anders, einzigartig und tragisch – so sehr, dass alle unsere Verstehensversuche immer nur vorläufig bleiben. Das nächste Kapitel soll eine Nahaufnahme eines solchen Schicksals geben.

4 Marilyn Monroe – ein klassisches Beispiel

Die bekannte Schauspielerin Marilyn Monroe (1926 – 1962) verkörperte wie kaum eine Figur des öffentlichen Lebens die Problematik von Borderline-Persönlichkeitsstörungen. Norma Jean Baker, so ihr bürgerlicher Name, wurde als uneheliches Kind einer Frau geboren, die den größten Teil ihres Lebens in einer psychiatrischen Klinik verbringen musste. Die Großmutter, bei der sie zuerst lebte, war ebenfalls psychisch krank und misshandelte das kleine Mädchen.

Marilyn wurde von einer Pflegefamilie zur nächsten weitergereicht. Immer wieder erhielt sie das Gefühl vermittelt, sie sei unerwünscht und verachtenswert. Allerdings stand sie schon als Kind unter dem Eindruck, allenfalls als Sexualobjekt wertvoll zu sein. »Das Kind ... mußte sowohl unerbittlich sittenstrenge Personen als auch laszive, lüsterne Männer ertragen.« Bereits mit neun Jahren wurde sie von einem Untermieter einer Familie sexuell mißbraucht. Als sie davon ihrer Pflegemutter zu berichten wagte, schlug ihr diese ins Gesicht, als Strafe, weil sie »einen so anständigen Mann« mit so etwas Schlimmen in Verbindung brachte. Auch in späteren Jahren wurde sie immer wieder Opfer von Anzüglichkeiten und sexuellen Übergriffen durch Jungen ihres Alters.

Während sie in manchen Familien übermäßig streng gehalten wurde, gab man ihr in anderen Familien fast zuviel Freiheiten. In einer Familie wurde sie jeden Samstag ins Kino geschickt. »Hier verstrickte sich das Kind in eine Fantasiewelt, hier entstand die Frau, die später alles von sich wies, was sie in irgendeiner Form mit jener Norma Jean ihrer Kindheit in Berührung brachte ... Im Vordergrund all dieser Kindheitsjahre stand ... ihr Trauma, vollkommen wertlos zu sein, respektlos behandelt zu werden, nicht würdig zu existieren, unter Liebesentzug leiden zu müssen ... Es ist nicht verwunderlich, dass dieses Kind mit dem Wort Liebe nichts anzufangen wusste und zu einer Frau heranwuchs, die zwar begehrenswert war, aber doch zurückhaltend und verwundbar blieb, so dass ihr die Männer keine Hilfe waren, auch wenn sie sie noch so sehr bewunderten.«

Auch später, als sie längst zum begehrten Sex-Symbol und Filmstar geworden war, »blieb sie ein herrenloses Gut, war eine Heimatlose. In ihren Rollen spielte Marilyn Monroe immer die Kreatur, die um Verständnis fleht, die Gehorsam erweist und dabei lächerlich gemacht wird.« Einmal für den Film entdeckt, wurde sie regelrecht für den Publikumsgeschmack aufgepeppt: Blondfärbung der Haare, Zahnkorrektur, Schönheitschirurgie, und immer lächeln ...

Sie ging drei Ehen ein, und fand doch keine Erfüllung. Sie lehnte sich gegen die Filmbosse auf und erstritt sich ihre Rechte, selbst Drehbücher und Regisseure auszuwählen. Und doch lebte sie in ihrem ständigen Minderwertigkeitsgefühl, und trug ständig intellektuelle Bücher mit sich herum, die sie offenbar kaum verstand. Sie »unternahm alle möglichen Versuche, die schulischen, sozialen und kulturellen Mängel ihrer Kindheit zu beseitigen. Ihr Wille, Nichterlerntes nachzuholen, war sehr ausgeprägt.«

Trotz vieler Erfolge holten sie die Entbehrungen der Kindheit immer wieder ein. »Die Folge waren neue Qualen, neue Pein und Hoffnungslosigkeit, obwohl die Leinwandperson eine Figur hätte sein sollen, hinter der man sich hätte verbergen können. Um Furcht und Qualen zu verdrängen, um das wahre Ich abzutöten, griff Marilyn in ihrer Not zu unzähligen Schlafmitteln und zu großen Mengen Alkoholika, für gewöhnlich Champagner oder Wodka. Diese Frau kämpfte mit sich selbst, mit ihrem Ich. Sie hatte gehofft, durch das Leinwandimage das Gefühl der Wertlosigkeit zu verlieren, doch genau das Gegenteil trat ein.«

Todeswünsche, suizidale Impulse und Suizidversuche begleiteten sie ihr Leben lang. In einem Gedicht äußerte sie einmal: »Help Help Help, I feel life coming closer, when all I want is to die« (Hilfe Hilfe Hilfe, ich spür das Leben näher kommen, wenn ich doch nur noch sterben möchte!). Sie suchte Hilfe in der Psychoanalyse und in stundenlangen Telefonaten mit allen möglichen Leuten. Sie sprach davon, in zwei Personen gespalten zu sein, die des sexy Mega-Stars Marilyn und die andere der kleinen zu kurz gekommenen Norma Jean, die so vieles nachzuholen hatte.

In einem Interview sagte sie: »Ich habe das Gefühl, ich stehe neben mir. Ich fühle und höre, aber ich bin es nicht wirklich.« Viele ihrer exzentrischen Szenen entsprangen einer tiefen Angst. In ihrem Notizbuch fanden sich folgende Worte: »Wovor fürchte ich mich? Ich weiß, dass ich spielen kann. Doch ich habe Angst, sollte aber keine Angst haben.« Ihre raschen Stimmungsschwankungen, ihre Reizbarkeit, ihre Gefühlsausbrüche und ihre hysterischen Anfälle waren bekannt und gefürchtet. Die Last wurde ihr zunehmend zu schwer.«

Immer wieder wurden in ihrem Leben jene Situationen ihrer Kindheit heraufbeschworen, die zu seelischen Schocks geführt hatten. Mit Hilfe von Alkohol, Medikamenten und Drogen versuchte sie verzweifelt, jene quälenden Bilder zu verdrängen, die ihr regelmäßig das Gefühl der Verlassenheit gaben, das Gefühl, wertlos und ungeliebt zu sein.« Sie starb schließlich mit nur 36 Jahren an einer Überdosis von Medikamenten und Alkohol. In der Hand hielt sie noch den Telefonhörer.

Zitate aus: Mellen, Joan: Marily Monroe. Ihre Filme – ihr Leben. München, Heyne 1983.

5 Sexueller Mißbrauch und Borderline-Syndrom

Nach der Schule wagte ich mich kaum mehr heim. Oft schlich ich mich dann in die katholische Kirche in unserem Dorf. Ich schlüpfte unter dem Altar durch und blickte nach oben zum unbeweglichen, blutüberströmten Gesicht des gekreuzigten Christus. »Du verstehst wenigstens, Jesus, was ich gelitten habe!« flüsterte ich, und irgendwie wurde ich ruhiger in seiner Gegenwart. – Wie konnte mir das mein Vater antun? Und warum sagte meine Mutter nichts, obwohl sie es doch sicher gemerkt haben muß! Noch heute bin ich hin- und hergerissen: Manchmal möchte ich ihn am liebsten umbringen. Aber ich habe ihn doch noch gern! Und manchmal frage ich mich, ob ich nicht selber schuld an allem war. Wenn ich nur einmal zur Ruhe kommen könnte! (eine 24-jährige Betroffene)

Häufig läßt sich ein Zusammenhang zwischen einer Vorgeschichte mit sexuellem Mißbrauch und einer Borderlinestörung feststellen. Um ein Verständnis für die Betroffenen zu erleichtern, wird im folgenden zunächst sexueller Mißbrauch mit seinen Auswirkungen erläutert, bevor anschließend Hinweise für Diagnostik und Therapie gegeben werden.

WAS IST EIGENTLICH SEXUELLER MISSBRAUCH?

Der Begriff »sexueller Mißbrauch« umfaßt ein weites Feld von sexuellen Handlungen. Sexueller Mißbrauch liegt dann vor, wenn einem Minderjährigen oder einer abhängigen Person eine sexuelle Handlung aufgezwungen wird, die diese nicht will, für die sie nicht reif ist und die in erster Linie der Bedürfnisbefriedigung des Täters oder der Täterin dient. Finden diese innerhalb der Familie statt, so spricht man auch von Inzest (»Blutschande«). Juristisch gesehen handelt es sich bei Inzest um den Straftatbestand von sexuellen Handlungen zwischen Verwandten und Verschwägerten in auf- und absteigender Linie und zwischen Geschwistern. Heute wird der Begriff allerdings weiter gefaßt: Man erweitert den Täterkreis auf alle, zu denen emotionale Abhängigkeiten bestehen – unabhängig von der biologischen Beziehung (Eltern, Stief-, Pflege-, Adoptiveltern, Großeltern, Geschwister der Eltern, Geschwister, die mindestens fünf Jahre älter sind, Erzieher, Lehrer, Gruppenleiter, Therapeuten, u.a.) – und den Opferkreis auf Erwachsene in abhängigen Beziehungen (z.B. geistig Behinderte oder Erwachsene in einer therapeutischen Wohngemeinschaft).

Folgende Handlungen werden dazugezählt: Beischlaf, Masturbation, hand-genitaler und oral-genitaler Kontakt, Streicheln mit dem Ziel sexueller Erregung, Entblößen (Exhibition) und von einigen Autoren das Beobachten (Voyeurismus) der Genitalien. Die Abgrenzung vom gesunden und erforderlichen Körperkontakt zwischen Erwachsenen und Kindern liegt dort, wo das Bedürfnis des Erwachsenen, nicht das des Kindes befriedigt wird; wo es sich um pervertierte, kalte oder ritualisierte Kontakte handelt, gegen die sich das Kind nicht wehren darf oder die geheim bleiben müssen, oder Kontakte, die den Erwachsenen sexuell erregen und dann nicht beendet werden. Von Kindern werden derartige Kontakte als »merkwürdig« oder unangenehm wahrgenommen und auf Nachfragen auch so benannt. – Was hier in dürren Worten umschrieben wird, ist für das betroffene Kind eine ausserordentliche seelische Belastung.

Fragt man weiter nach Schäden durch sexuelle Kontakte, so ist es nötig, über diese Definition hinauszugehen und all die Kontakte einzuschließen, in denen es um die Bedürfnisbefriedigung auf sexueller Ebene an einem Abhängigen in einer Machtbeziehung geht. Damit ist eine wesentliche psychologische Wirkkomponente, nämlich der Machtmißbrauch, benannt. Daneben entstehen psychische Schäden durch die Ohnmachtserfahrung, das Erlebnis, daß Gegenwehr negative Folgen hat, die Reduzierung zum Sexualobjekt und die Verpflichtung zur Geheimhaltung mit nachfolgender Isolierung. Zu betonen ist auch, daß es sich nie um eine Handlung im Einverständnis mit dem Kind handeln kann, da dies sexuelle Handlungen weder verstehen und noch in ihren Folgen erfassen kann.

HÄUFIGKEIT DES SEXUELLEN MISSBRAUCHS

Sexueller Mißbrauch ist häufig, allerdings wegen der verständlichen Dunkelziffer nur im ungefähren Ausmaß zu erfassen. Man geht heute davon aus, daß ca. 5 – 10 Prozent der Frauen in ihrer Kindheit Opfer eines sexuellen Übergriffs im engeren Sinne wurden. Auch wenn andere Publikationen dramatischere Szenarien nennen , so scheinen die in der Zeitschrift »Psychologie heute« veröffentlichten Zahlen realistisch: »Über sexuelle Mißbrauchserfahrungen mit Körperkontakt im Alter bis zu 14 Jahren berichten fünf bis acht Prozent der Frauen (Männer: 1,4 bis 3,5 Prozent). Die Täter waren nach Angaben der befragten Männer und Frauen in über 90 Prozent der Fälle Männer. Bei den Mädchen unter 14 Jahren waren in 21 Prozent der Fälle Väter oder Stiefväter die Täter. Doch der häufigste Mißbrauch fand mit 47,5 Prozent der Fälle durch Bekannte außerhalb der Familie statt. Bei den Jungen waren Väter oder Stiefväter seltener Täter, hier ist der soziale Nahbereich der Bekannten mit 54,8 Prozent der entscheidende.«

Frauen als Täterinnen machen eine Minderheit von ca. 10 Prozent aller Fälle aus. Oft handelt es sich um geschiedene Frauen, die sich in ihrer Sehnsucht nach Nähe an ihren Söhnen vergreifen. Nur ein kleiner Teil dieser sexuellen Übergriffe wird zur Anzeige gebracht und noch weniger werden schließlich durch eine Verurteilung geahndet.

DIREKTE AUSWIRKUNGEN DES SEXUELLEN MISSBRAUCHS

Historisch gesehen wurde der sexuelle Mißbrauch sehr unterschiedlich eingeschätzt. Die Annahme der 30-er Jahre, es gäbe keine groben Auffälligkeiten bei Opfern, wich erst in den 70-er Jahren der Einsicht in schwere Defizite, die sich hinter einer intakten Fassade verbergen, bis in den 80-er Jahren Begriffe wie »Seelenmord« (Wirtz) geprägt und relativ typische Schäden herausgearbeitet wurden. Das Ausmaß des Schadens hängt von der Häufigkeit, dem Schweregrad, dem familiären Hintergrund, dem Alter des Kindes, der begleitenden psychischen Gewalt, dem Alter und Geschlecht des Täters sowie von der Existenz von Vertrauenspersonen ab. Ein schweres Trauma entsteht durch Beischlaf oder beischlafähnliche Handlungen bei gleichzeitiger Anwendung von Gewalt durch ein Familienmitglied der älteren Generation bei einem belastenden, risikoreichen familiären Hintergrund.

Wird ein Kind sexuell mißbraucht, so ist es in jeder Hinsicht völlig überfordert. Es ist verwirrt über das Geschehen und wird von vorwiegend negativen Gefühlen überflutet: Schmerz, Angst, Hilflosigkeit, Isolierung durch Zwang zur Geheimhaltung, sexuelle Gefühle. Automatisch hält es sich für schuldig, da Eltern nur ein »böses Kind« so behandeln, und schämt sich dafür. Es wendet die Aggression gegen sich. Es hat das Gefühl von Sicherheit und Vertrauen verloren und kann nicht einfach wie ein Kind weiterleben.

Ein Kind hat – auch abhängig von seinem Alter – kaum Möglichkeiten zum Umgang mit dieser Notsituation. Ein Ziel- und Wertesystem, das Erwachsenen in Krisenzeiten hilft, fehlt oft noch und wird zusätzlich durch die sexuellen Übergriffe besonders geschädigt. Das Vertrauen in die eigenen Fähigkeiten schwindet, es entsteht ein negatives Selbstbild und damit treten an die Stelle progressiven und konstruktiven Verhaltens eine totale Apathie oder besonders problematische Bewältigungsstrategien wie Vermeidung, Flucht ins Wunschdenken, sozialer Rückzug, Abkapselung, ständige Beschäftigung mit dem Problem, Selbstbeschuldigung, Selbstbestrafung, Resignation oder orale Stimulation (Essen, Alkohol) als Ersatzbefriedigung, die zu weiteren Verstrickungen führen. Manchmal kommt es aber auch zu einer verfrühten Sexualisierung, die später den Weg in die Prostitution ebnet.

Daneben treten sogenannte Abwehrmechanismen in Kraft, die das Bewußtsein vor Reizüberflutung oder unerträglichen Gefühlen, Konflikten oder Erinnerungen schützen. Neben dem völligen Ausblenden, Leugnen, Vergessen oder Bagatellisieren, spielt vor allem die Dissoziation eine große Rolle. Hierunter versteht man das Abspalten bzw. Nichtwahrnehmen von Gefühlen oder Körperteilen. Es entspricht einem Totstellreflex oder psychischer Flucht. Die Fähigkeit zur Dissoziation ist bei Kindern entwicklungsbedingt sehr groß. Das Kind »verläßt« seinen Körper und kann dadurch Mißbrauchserlebnisse überleben, allerdings um den Preis der Gefühllosigkeit. Es handelt sich nur um eine Notfallmaßnahme, nicht um eine Problemlösung. Bei derart mißbrauchten Kindern besteht die Dissoziation bis ins Erwachsenenalter fort und erklärt einen Teil der Problematik und Symptomatologie. Zusammengefaßt wirkt das Erlebnis der sexuellen Ausbeutung durch einen Erwachsenen auf vier Arten traumatisch:

1. Beziehungen werden sexualisiert, es entstehen falsche Normen, Liebe und Sex werden verwechselt und sexuelle Aktivität mit negativen Gefühlserinnerungen gekoppelt.

2. Das Kind erlebt sich stigmatisiert und ist zur Geheimhaltung gezwungen; es leidet unter Scham und Schuldgefühlen.
3. Das Kind fühlt sich verraten und in seinem Vertrauen betrogen. In der lebensnotwendigen Abhängigkeit erlebt es sich mißbraucht und manipuliert.
4. Das Kind erfährt sich ohnmächtig durch das Überschreiten der Körpergrenzen gegen seinen Willen, es gerät in Hilflosigkeit und gelangt zur Überzeugung der eigenen Wirkungslosigkeit mit dem Selbstbild als Opfer.

Die Persönlichkeit wird zentral in ihren Überzeugungen und Werten auf fünf Ebenen getroffen und zeigt sich beeinträchtigt :

1. auf der Ebene der Sicherheit, in dem sie immer wieder Opfer wird und in gefährliche Situationen gerät;
2. auf der Ebene des Vertrauens, indem sie von Angst, Mißtrauen, Übervorsicht und Entscheidungsunfähigkeit geprägt ist;
3. auf der Ebene der Kontrolle, indem sie sich ausgeliefert fühlt, unter Sinnlosigkeit leidet und sich selbst schädigt;
4. auf der Ebene der Wertschätzung, indem sie meint, schlecht zu sein, und auch die Wertschätzung für andere verliert;
5. auf der Ebene der Intimität, indem sie sich einsam und leer fühlt und im Miteinander keine Sinnerfüllung findet.

LANGFRISTIGE STÖRUNGEN UND SYMPTOME

Abhängig vom Schweregrad treten verschiedenste Störungen auf. Oft leben die Betroffenen lange Zeit relativ symptomarm mit guter Fassade und ausreichender Funktionsfähigkeit. Sie selbst erleben sich lediglich »anders«, als ob ein Schatten über ihrem Leben liegen würde. Und irgendwann kommt es zu einer neuen Erfahrung, oft sexueller Natur, die plötzlich zu einem Wiederaufflammen dieser frühen sexuellen Verletzungen führt. Alpträume mit meist wenig entstelltem Inhalt, unerklärliche Panik im Keller und abrupte Gefühlsschwankungen brechen unvermittelt in das vorher geordnete Leben ein. Diese unvermuteten Reaktionsweisen wie Selbstverletzung oder starke Unterbauchbeschwerden lassen sich erst verstehen, wenn man um die schmerzlichen Erfahrungen der Kindheit weiß. Tabelle 5-1 gibt einen Überblick über häufige emotionale Folgeerscheinungen. Neben der akuten Symptomatik zeigen sich weitreichende Störungen der Persönlichkeit, oft im Sinne eines Borderlinesyndroms. Bei manchen Frauen kommt es sogar im Erwachsenenalter zu neuen Wiederholungen von sexueller Ausbeutung, wobei nicht mehr klar zwischen Opfer und Täter zu trennen ist. In ihrer Sehnsucht nach Nähe und Liebe bringen sie sich in Situationen, die sich in ihrer kaum verhüllten erotischen Botschaft fast zwangsläufig in sexuelle Beziehungen weiterentwickeln. Und manche verlieren ihre Selbstachtung so weit, daß sie in die Prostitution abrutschen.

Tabelle 5-1 Mögliche Symptome, die auf einen sexuellen Mißbrauch, aber auch auf emotionale und körperliche Mißhandlung in der Kindheit hinweisen können (nach U. Wirtz)

- Depressive Verstimmungen, »grundloses Weinen«;
- Selbstmordphantasien, Selbstmordversuche;
- Selbstverletzende Handlungen, sich Schmerz zufügen, Unfallhäufigkeit;
- Suchtverhalten (Drogen, Alkohol, Essen);
- Schuld-, Scham-, Minderwertigkeitsgefühle;
- Probleme mit Vertrauen, Angst vor Hingabe und Kontrollverlust oder Unfähigkeit, die Vertrauenswürdigkeit eines Menschen einzuschätzen;
- Schwierigkeit mit Grenzen und Neinsagen, wiederholter Mißbrauch in Beziehungen, Opferrolle;
- Stark konflikthafte Beziehungen, Ambivalenzprobleme, Vermeiden von Nähe;
- Gefühle von Nicht-Dazugehören, Gefühle abspalten, psychische oder physische Lähmung bei bestimmten Situationen oder Themen;
- Gefühl mangelnder Einheit oder Unwirklichkeit, Aufbau von Fantasiewelten;
- Stigmatisierung, Gefühl, ein schreckliches Geheimnis mit sich herumzutragen;
- Flash-backs: plötzliche Erinnerungen an Trauma, starke sensorische Reize;
- Würge- und Erstickungsgefühle;
- Ein- und Durchschlafstörungen, Alpträume;
- Auffällige Erinnerungslücken. Uneinfühlbar heftige Reaktionen bei bestimmten Menschen und Situationen;
- Abwehr mit Leugnen, Verdrängen, Bagatellisieren;
- Sexuelle Probleme. Ekel vor allem Körperlichen.

ZUSAMMENHANG ZWISCHEN INZEST UND BORDERLINE-SYNDROM

Nach der allgemeinen Darstellung der Auswirkungen des sexuellen Mißbrauchs soll nun – teils zusammenfassend, teils ergänzend – die Beziehung zum Borderlinesyndrom gesondert beschrieben und betont werden. Stellt man Inzestfolgen und Borderlinesyndrom gegenüber, so fallen die gemeinsamen Hauptsymptome auf, nämlich die Spaltung des Selbst und die daraus resultierende Identitätsstörung.

Bei Frauen mit Borderlinesyndrom findet sich häufig, wenn auch nicht immer sexueller Mißbrauch in der Vorgeschichte. Typische familiäre Konstellation beim vollzogenen Inzest ist der Vater / Stiefvater / Lebenspartner der Mutter als Täter und die Mutter als meist schweigende Dulderin, die Hilfe versagt. Das Dilemma des Kindes ist die hochgradig ambivalente Elternbeziehung (»Ich liebe dich, aber ich beute dich aus und wehe, du sprichst darüber!«). Oft löst diese intensive Spannung eine bleibende Instabilität aus, die später als Borderlinesyndrom wahrgenommen wird. Nicht immer liegt allerdings vollzogener Inzest vor. Gerade bei Männern mit einer Borderlinestörung lag oft eine angespannte Familienbeziehung vor, die das Kind als Sexualisierung der Beziehung mit einer dauernden Atmosphäre von Verlockung erfährt. Es gerät in eine überfordernde Partnerersatzfunktion hinein und erlebt keine Grenzen (zwischen Generationen und Personen). Das Klima ist gekennzeichnet durch verwischte Grenzen und Verleugnung der Tatsache, daß ein Kind noch Schutz und Leitung braucht. Das Kind erlebt seine Bedeutung für den Erwachsenen, wodurch Größenphantasien gefördert werden. Da die Unterscheidung zwischen eigenen und fremden Impulsen – besonders sexueller Art – nicht klar wird, lebt das Kind in ständiger Verwirrung und die Gewissensbildung ist unzuverlässig.

Es wäre allerdings zu einfach, aus dieser Darstellung eine Täter-Opfer-Konstellation abzuleiten. Typischerweise haben alle Beteiligten erhebliche emotionale Defizite, und es finden sich auch bei den Eltern oft seelische Verletzungen und Mißbrauchserfahrungen. Die eigentlichen frühkindlichen Bedürfnisse von Nähe und Zärtlichkeit, Sicherheit, Versorgt- und Genährtwerden werden »irrtümlicherweise« auf sexueller Ebene befriedigt, wobei das Versagen der Eltern darin besteht, ihre eigenen Bedürfnisse nicht hintanstellen zu können. In der Opfer-Opfer-Interaktion ist schon das Klima, in dem Inzest geschieht, traumatisierend, nicht erst sexuelle Handlungen als solches.

DIAGNOSTISCHES VORGEHEN

Um sexuellen Mißbrauch erkennen zu können, bedarf es zu allererst der Bereitschaft, die Möglichkeit eines Inzests in Betracht zu ziehen. Im Allgemeinen beginnt der diagnostische Prozeß mit Indizien. (Eine Checkliste mit Symptomen, die einen hellhörig werden lassen sollten, findet sich im Anhang). Oft wird das Thema angedeutet und »angetestet« und nur dann weiter mitgeteilt, wenn der Therapeut oder die Seelsorgerin sich weiter interessiert. Erfährt man dann Inzesterlebnisse, stellt sich die Frage, wie glaubwürdig diese sind. Für Kinder bis neun Jahren gilt, daß detaillierte Schilderungen zu sexuellen Belästigungen praktisch nie ausgedacht sind. Im Umgang mit Erwachsenen bewährt es sich, den Erinnerungen primär Glauben zu schenken, ohne allerdings durch suggestive Fragen in die Gefahr therapeutisch erzeugter Mißbrauchs-»Erinnerungen« zu verfallen. Kritische Distanz in der Begegnung wird nämlich von diesen sehr sensiblen Menschen mit Sicherheit wahrgenommen und vereitelt den weiteren Zugang. Es ist eine erneute Traumatisierung und Wiederholung der Erfahrung, kein Gehör oder Glauben zu finden. Andererseits verbessert das Erlebnis, Vertrauen zu finden, die Wahrnehmung und Realitätsprüfung erheblich, so daß die Betroffenen sich selber kritisch mit den Erinnerungen auseinandersetzen können. Sollte sich dann einzelnes als Phantasie herausstellen, ist davon kein dauerhafter Schaden zu erwarten.

Neben dem Eingehen auf Andeutungen besteht ein weiterer wichtiger diagnostischer Weg im bewußten routinemäßigen Ansprechen – bei dringendem Verdacht auch wiederholt. Verständlicherweise ist es für die Betroffenen schwer, das Thema zu behandeln, und die Versuchung zum Ausweichen ist groß. Um das Ausdrücken zu erleichtern, bedarf es der Flexibilität und Kreativität.

HINWEISE FÜR DEN THERAPEUTISCHEN BZW. SEELSORGLICHEN UMGANG

Die letzten Jahre haben eine Vielzahl von Büchern zur Thematik hervorgebracht und auch in der Belletristik wird das Thema immer wieder aufgegriffen, so etwa von Elizabeth George oder Stieg Larsson. Um möglichst praxisnahe Aussagen für den Umgang mit Patientinnen weitergeben zu können, die sowohl Mißbrauchserfahrungen als auch ein Borderlinesyndrom haben, führten wir eine Fragebogenaktion zu ihren Therapieerfahrungen durch. 13 Patientinnen erlaubten uns, einen Einblick in ihre Erfahrungen und Bedürfnisse während der Therapie zu machen. Nach einer Zusammenstellung der Antworten werden diese unter therapeutischem Blickwinkel kommentiert.

1. Was wurde hilfreich erlebt? Vor allem Einzelgespräche, aber auch Medikamente, Klinikaufenthalte, Tagebücher, Gebete.
2. Was wurde schädlich erlebt? Vor allem, nicht ernstgenommen werden, aber auch mißverstanden werden oder ein unaufmerksamer oder gelangweilter Zuhörer.
3. Welche Themen waren wichtig? In abnehmender Häufigkeit: sexueller Mißbrauch, aktuelle Probleme, Kindheit, Familienbeziehungen, andere Beziehungen und soziale Probleme.
4. Aus welchen Gründen wurde auf das Gespräch über wichtige Themen verzichtet? Vor allem aus Scham, auch aus Angst oder Zeitgründen. Mit dem Aussprechen zögerten sie unterschiedlich lange (zwischen kurz und jahrelang).
5. Was wurde in der Therapie gewünscht oder erwartet? Freude am Leben, Trost, innere Freiheit im Umgang mit Erinnerungen, Anleitung zu konkreten Schritten.
6. Welche Therapieziele hatten die Betroffenen? Vor allem Lösung aktueller Probleme und auch allgemeine Lebens- und Vergangenheitsbewältigung. Sie erlebten veränderte Emotionen und mehr Lebenssicherheit und gaben als Teilerfolge geringeren Medikamentenverbrauch und besseren Umgang mit einzelnen Problemen, z. B. Freßattacken an.
7. Wie sollten sich Therapeuten oder Seelsorger verhalten? Innerlich engagiert, interessiert, verständnisvoll, bescheiden (demütig), korrekt in der Schweigepflicht. Sie sollen belastbar sein und eine positive Ausstrahlung haben.
8. Wurden Therapien abgebrochen? Aus welchen Gründen? Mehrere Befragte brachen ein oder mehrmals eine Therapie ab. Gründe waren vor allem das Gefühl, nicht ernstgenommen zu werden, danach auch Vertrauensmißbrauch, Stagnation, Therapiemüdigkeit, Therapeutenwechsel und Überheblichkeit des Therapeuten.
9. Was würden sie Therapeuten und Seelsorger empfehlen? Geduld – viel Geduld – nochmals Geduld. Weiterhin: klare Grenzen zu Beginn der Therapie und Zuhören, ohne gleich Ratschläge zu geben. Hier seien auch

Einzelstimmen genannt: Nicht gleich von Sünde reden; eigene Fehler zugeben; den Glauben nicht als Allheilmittel anpreisen; Vorsicht mit Dämonenaustreibungen.

10. Was würden sie guten Freunden empfehlen? Mich annehmen, wie ich bin; Verzicht auf Sprüche wie »Vergiß das doch endlich«; mich wie alle anderen behandeln.

Am hilfreichsten wurden Einzelgespräche erlebt, also die ganz persönliche Zuwendung. Die Empfehlung hierfür lautet: Geduld und Zeit aufzubringen und klare Grenzen zu setzen. Oft handelt es sich um eine jahrelange Begleitung. Deshalb ist es wichtig, den Rahmen abzustecken und auch unsere Grenzen bezüglich Kraft und Zeit deutlich zu machen. Es ist gut zu wissen, daß dies von den so bedürftigen Menschen geschätzt wird. Der Grundsatz »Weniger ist mehr« kann eine Hilfe sein, um überhaupt für diese Menschen ein jahrelanger Ansprechpartner werden zu können.

Fragt man nach einzelnen Schritten, so ergaben sich Hinweise für den Gesprächsstoff, aber auch für die Voraussetzungen der Therapeuten, bzw. Seelsorger. Wichtig sind Vertrauen, Aufmerksamkeit und Interesse. Auch wenn es manchmal klar erscheint, was für den Hilfesuchenden Priorität hat, ist es unbedingt erforderlich, deren Meinung und damit sie selber ernstzunehmen. Vertrauen kann wachsen, wenn Therapeuten sich auch auf scheinbar unwichtige Nebengleise mitbegeben und aufmerksam zuhören. Wenn das gelingt, ist ein wichtiger Schritt im Umgang mit diesen Menschen getan. An zweiter Position der wichtig erlebten Themen standen nach dem Inzest die aktuellen Probleme nach dem sexuellen Mißbrauch. Konkrete Unterstützung mit Strukturhilfen (Eßpläne bei Bulimie oder Telefon-SOS-Listen für Krisensituationen), Sanierung der finanziellen Lage und ähnliches bringen Erfolgserlebnisse. Neue Hoffnung entsteht und motiviert zum Durchhalten. Auch Medikamente wurden hilfreich erlebt, wobei es wichtig ist, ausführlich darüber zu diskutieren und aufzuklären.

Nach Klärung des Alltags tauchen tiefergehende Themen auf, stellen sich die Fragen nach der Bedeutung des Verhaltens (Was kotzt mich wirklich an? Was will ich zerstören, wenn ich mich verletze? Wovor laufe ich weg?).

Dabei kann es eine Hilfe für die Betroffenen sein, wenn Therapeuten ihren Zorn oder ihr Entsetzen über die Geschehnisse auch ausdrücken, denn oft ging das Gefühl für Recht und Unrecht verloren oder konnte sich nie entwickeln. Anteilnahme am Leid und Bestätigen des Unrechts, ohne den

Schuldigen zu verdammen, helfen das Leben zu ordnen und unberechtigte Schuldgefühle aufzulösen. Hierzu ein Zitat einer Betroffenen: »Ich glaube, ich bin euch böse, noch nie habe ich dies, was ich jetzt aufgeschrieben habe, realisiert. Bis heute. Aber es wäre zu einfach, Euch die Schuld zuzuschieben. Ich habe mir selbst meinen Weg verbaut, und die Felsbrocken nun wieder wegzuräumen, scheint zu schwer für mich zu sein, und wieder einmal resigniere ich!«

WIE IST VERGEBUNG MÖGLICH?

Oft scheint es als würde der andauernde Schmerz von sexuell mißbrauchten Frauen dadurch weiter aufrecht erhalten, daß sie nie den Weg zur Vergebung fanden. Doch wie kann man vergeben, wenn man als wehrloses Kind solches Unrecht erfuhr? Kann man da einfach »Schwamm drüber« sagen und die Sache vergessen? Ist das Reden von Vergebung nicht oberflächliches Zudecken, eine christliche Form des Bagatellisierens ? Eine Betroffene erzählt: »In der Seelsorge hat man mir gesagt: Solange du nicht vergibst, wirst du keine Befreiung erleben. Ich wollte ja frei werden, aber der Schmerz und die Scham stand mir jeden Tag wieder vor Augen. Sollte ich die Mißhandlungen und den Mißbrauch einfach vergessen? Wie denn?! Meine Gefühle schrieen lauter als mein schwacher Wille. Ich bin fast verzweifelt!« Diesen Fragen muß sich die Seelsorge stellen. Oft ist es ein langer, steiniger Weg, den eine Betroffene zu gehen hat, bis sie die Verletzungen der Kindheit loslassen kann.

Es braucht die Geduld und das Mittragen auch in den Zeiten, wo die Anklage hervorbricht, der Schmerz, all die gerechtfertigten Gründe, warum Vergebung so schwer ist. Aber man darf auch neue Sichtweisen einbringen, die den Weg zur Vergebung ebnen. Dort, wo eine Person eine persönliche Glaubensbasis hat, kann man ganz bewußt auch die Tatsache in die Waagschale werfen, daß ja auch ihr vergeben wurde. Selbst ohne geistliche Bezüge gilt die Erfahrung, daß mit dem Loslassen der Schuldvorwürfe an den Täter auch eine Last abfallen kann, die man durch den ständigen Groll mit sich herumschleppte.

Der Weg zur Vergebung ist für jede Person unterschiedlich, übersät mit Hindernissen: schmerzlichen Erinnerungen, abgrundtiefen Gefühlen, kreisenden Grübeleien und immer neuen Enttäuschungen. Oft reichen Aufforderungen zum Umdenken nicht aus ; selbst geistliche Höhenerfahrungen tragen nicht immer durch die Niederungen des Lebens. Oft braucht es schlichtweg

Zeit, Monate bis Jahre, Zeit, die allmählich Wunden vernarben läßt und den Boden für einen bewußten Abschluß durch Vergebung legt. Im Reden über Vergebung haben sich folgende Richtlinien bewährt:

a) Das Eingeständnis, daß mir Unrecht getan wurde. Ich muß nicht beschönigen oder verleugnen. Vergebung wird erst dort nötig, wo Unrecht vorliegt.
b) Der Täter verdient die Vergebung nicht (so wie auch ich vor Gott letztlich nicht bestehen kann). Meine Vergebung ist nicht das Gutheißen seiner Ausflüchte, Rechtfertigungsversuche und Schönfärbereien des Vorgefallenen. Meine Vergebung ist auch nicht ein Eingeständnis seiner unterschwelligen Vorwürfe, daß ich ja Mitschuld hätte an seinem sexuellen Handeln. Wenn ich vergebe, dann vergebe ich aus freien Stücken.
c) In der Vergebung gebe ich meinen Zorn auf, und gleichzeitig auch meine Rachegelüste und meine Ansprüche an den Täter. Ich gebe den Täter frei. Doch damit gebe ich auch mich frei: Wie ein Ringer, der seinen Kontrahenten losläßt, löse ich mich aus der Umklammerung, in der ich mich durch den ständigen Groll befand.
d) Manche Verkündiger geben den Eindruck, die Aufforderung zur Feindesliebe bedeute, daß man nun auch Gefühle der Liebe für den Täter entwickeln müsse. Bei dem was oft zwischen Täter und Opfer vorgefallen ist, wäre das ein hochgestecktes Ideal. Manchmal allerdings darf eine Beziehung derart heilen, daß eine Frau in ihrem Vater auch die schwache, die tragische Seite sieht, die es ihr ermöglicht aus tiefer Überzeugung zu sagen: Ich liebe ihn – trotz allem was vorgefallen ist.

Vergebung kann wirklich neue Perspektiven eröffnen. Es geht nicht nur um das Umsetzen eines christlichen Gebotes. Natürlich bekommt Vergebung für den, der selbst um die Erlösung weiß, eine tiefe Bedeutung der Verbundenheit mit mit Jesus, der seine Schuld auf sich genommen hat. Vergebung ist im Grunde aber auch ein Weg zur Heilung, den selbst Menschen ohne bewußte Gottesbeziehung erleben und die auch psychotherapeutisch ihren Wert hat: Das Annehmen des Vorgefallenen als Teil des Lebens und der bewußte Entschluß, nicht mehr zurückzublicken, die Entschlossenheit, den

Weg trotz der Lasten der Vergangenheit fortzusetzen. Der Verzicht auf ständige vorwurfsvolle Rückschau löst auch die Bindung zum Täter und befreit zu neuen Schritten.

Therapie und Seelsorge heißt: Ich begleite dich auf deinem langen, schweren Weg. Du kannst mit mir rechnen. Gehen mußt du selbst – abnehmen kann ich dir nichts. Ich schaffe es weder, dich zu tragen, noch dich zu schieben. Aber ich bin vorbereitet, daß es mühsam wird, es wird mich nicht allzusehr erschüttern. Es braucht Zeit, viel Zeit, und ich glaube an dich und deine Möglichkeiten und an einen Gott, für den es keinen unmöglichen Fall gibt. Spüren Betroffene diese Haltung des Vertrauens, haben sie bei ihren bedrohlichen Schwankungen ein vorübergehendes Halteseil, das ihnen hilft, langsam eine eigene Festigkeit zu entwickeln und neuen, festen Boden unter den Füssen zu finden.

ANHANG: PSYCHOTHERAPEUTISCHE UND SEELSORGERLICHE HILFEN

Psychotherapeutische und seelsorgliche Hilfen im Umgang mit Inzestopfern (zusammengestellt von A. Jonckers)

In der seelsorglich-therapeutischen Arbeit haben sich die folgenden Richtlinien für den Umgang mit sexuellem Mißbrauch in der Kindheit und Jugend bewährt, die hier nur stichwortartig wiedergegeben werden:

I Phase der rationalen Bearbeitung: Verbalisieren

1. a) Was habe ich damals gemacht, um mit diesen furchtbaren Erlebnissen überhaupt fertig zu werden?
   b) Was für Gedanken oder Verhaltensweisen haben mir damals am meisten geholfen, um zu überleben?

2. a) Was für Gedanken (und/oder Gefühle) hatte ich damals über meinen Vater (bzw. Stief-/ Pflegevater, Onkel, Großvater usw.)?
   b) Was für Gedanken (Gefühle) hatte ich damals über Männer überhaupt?

c) Was für Gedanken (Gefühle) hatte ich damals über meine Mutter?

3. a) Was für Gedanken hatte ich damals über das Frausein?
   b) Was für Gedanken (Gefühle) hatte ich damals über mich selber?
   c) Was für Art Schlußfolgerung zog ich damals (eher unbewußt) für mein weiteres Leben?
   d) Wie fühlte ich mich damals in der Schule und unter Schulkameraden?
   e) Was für Denk- und Verhaltensweisen habe ich mir damals angewöhnt (zu Hause, unter Gleichaltrigen, in der Schule, usw.) ?

4. Wie war der (wiederholte) Ablauf des Mißbrauchs?
   An dieser Stelle ist das traumatische Geschehen mündlich oder schriftlich in eigene Worte zu fassen (Verbalisieren). Zusätzlich können auch nonverbale Ausdrucksmöglichkeiten einbezogen werden (z.B. Malen).

II. Trauerphase

In dieser Phase geht es darum, Schmerz, Trauer und Wut zuzulassen. Eventuell kann eine symbolische Anklage im Gespräch ausformuliert werden, die nachher als Grundlage zur Vergebung dient. Wichtig ist es, daß man den Betroffenen genügend Zeit gibt und allenfalls nochmals die obigen Fragen durchgeht (zur emotionalen Bearbeitung)

a) In welchen heutigen Denk- und Verhaltensweisen erkenne ich einen Zusammenhang mit dem Geschehen damals?
(siehe dafür auch die Antworten auf die Fragen 1+ 3).
b) Welche Denk- und Verhaltensweisen davon (s. unter 6a) sind heute für mein Leben nicht mehr hilfreich, sondern eher hindernd für meine Weiterentwicklung (obwohl sie damals für mich wie Überlebenshilfen waren)?
c) Was habe ich infolge des Missbrauchs alles verloren bzw. nicht entfalten können?

d) Was davon möchte ich entweder in meinem gesunden inneren Kern wiederfinden – oder mir von Gott ganz neu schenken lassen?

III. Phase der Aussöhnung und der Integration mit Neuanfang

a) Wovon will ich mich jetzt definitiv lösen (trennen) bzw. was will ich jetzt bewußt hinter mir lassen? (z.B. Erinnerungen, damalige »Überlebenshilfen«, alte Denk- und Verhaltensmuster, siehe auch unter 6 a + b).
b) Was will ich mir selber evtl. vergeben? (Schuldgefühle loslassen) Was will ich anderen Personen vergeben? (evtl. nur den allerersten Schritt der Bereitschaft zum Vergebungsprozess festmachen).
c) Was alles in mir möchte ich Gottes heilender Hand hinhalten? (Siehe auch 6 c).
d) Was möchte ich mir alles von Gott schenken lassen? (Siehe auch 6 d).
e) Ein Hingabegebet formulieren mit meinem »JA zum Leben« – wie ein positives Opfer, das ich Gott darbringe, indem ich mich trenne von meiner bisherigen negativen Opferrolle (mein NEIN zum Leben).
f) Einen symbolischen Gegenstand suchen (oder gestalten) als Erinnerungszeichen für diesen Neuanfang (z.B. ein Bild (malen), eine Spruchkarte, ein Bibelwort, etwas aus der Natur u.a.m.)

6 Multiple Persönlichkeiten (Dissoziative Identitätsstörung)

Es ist mir nicht leicht gefallen, dieses Kapitel zu schreiben. Hier betreten wir nämlich einen der düstersten Sümpfe im Grenzland der Borderlinestörungen. Alles bäumt sich in uns auf gegen die Tatsache, dass auch heute Kinder unmenschlich gequält und missbraucht werden in einem Dunstkreis von Perversion und Machtstreben, von Gewinnsucht und Okkultismus. Kinderpornografie, Kinderprostitution, Geheimzirkel und Satanskulte – das gibt es wirklich, auch in unserer Zeit. Nur die wenigsten Fälle werden aktenkundig.

So wurde 1993 der 38-jährige schweizerische Computerfachmann und Porschefahrer René O. festgenommen, bei dem man ein voll eingerichtete Folterkammer fand, in der er Kinder quälte und sexuell missbrauchte. Seine Grausamkeiten hatte er auf Video aufgenommen, um sie zu verkaufen. Neben den Folterinstrumenten fand man auch ein Fass mit Schwefelsäure und ein Aquarium mit Piranhas, die dazu dienten, getötete Kinder verschwinden zu lassen. Bevor er von der Polizei festgenommen wurde, hatte er in Amsterdam ein Haus von einer Satanskult-Sekte gekauft, um dort weitere Videos produzieren zu können.

1995 schreckte das Drama der esoterischen Sonnentempler-Sekte die Welt auf. Insgesamt 53 Mitglieder des Kults wurden in verschiedenen abgelegenen Häusern tot aufgefunden. Nur die wenigsten hatten sich selbst getötet, nachdem sie vorher die anderen »auf die letzte Reise« geschickt hatten. In den Kellerräumen fand man Kultstätten, Altäre und Kapuzengewänder, und was sonst für okkulte Rituale benötigt wird. Der Abschlußbericht zu den Ereignissen fiel jedoch eigenartig dürftig aus. Trotz Hinweisen auf weitere Sektenmitglieder ist »für die Schweizer Behörden die Untersuchung abgeschlossen, die Verfahren werden eingestellt, da die Untersuchungsrichter keine Anhaltspunkte für noch lebende Verantwortliche oder Zeugen gefunden haben.« Einiges deutet darauf hin, dass der Bericht durch einen »Experten« geprägt wurde, der selbst dem Kult nahe stand. Nach diesem Muster verläuft häufig die Wahrheitssuche in diesen Fällen. Die Boulevardblätter entrüsten sich für einige Tage, dann übersetzen Juristen die dramatischen Ereignisse in dürre Worte der Amtssprache und finden schließlich keine Anhaltspunkte mehr, die eine weitere Verfolgung rechtfertigen. Daraufhin wird es wieder still um solche Geschehnisse. Niemand redet mehr von den furchtbaren seelischen Wunden, die gerade bei Kindern in solchen Ritualen geschlagen wurden.

Erst viele Jahre später wagen einige der Opfer, über ihre furchtbaren Erlebnisse zu berichten. Es sind keine geordneten Erzählungen, die man da zu hören bekommt, vielmehr Bruchstücke der Erinnerung an ein unvorstellbares Grauen, verteilt in die zersplitterte Identität des Opfers, die sich erst allmählich wieder zusammenfügt. Die Berichte ehemaliger Opfer erfordern starke Nerven. Sie sind z.T. so grausam und pervers, dass es beim Zuhören fast körperlich weh tut oder Übelkeit erzeugt, auch wenn man äußerlich gelassen bleiben sollte. Manchmal kann man fast nicht glauben, dass Erwachsene Kindern so etwas antun können, und man versteht, dass eine kindliche Seele unter solchem Druck auseinander brechen kann. Fesselungen, grausame Bestrafungen, Sex mit Tieren, Mehrfach-Vergewaltigungen in Hinterzimmern von Sexklubs hinterlassen tiefe Spuren.

Es geht im folgenden nicht darum, Gruselgeschichten für therapeutische Seelsorger zu erzählen. Vielleicht bin ich sogar allzu zurückhaltend mit detaillierten Geschichten. Doch dieses Buch soll in erster Linie eine Hilfe sein, Menschen mit einer Vorgeschichte von seelischer Traumatisierung besser zu verstehen und zu begleiten. Wenn die Betroffenen sich schon öffnen, so gilt es, ihnen möglichst gelassen zuzuhören, sachlich zu klären und sorgsam darauf zu achten, nicht mehr aufzudecken, als die Patientin selbst freigibt. Sensationslust, Entrüstung und übermäßiges emotionales Engagement können diesem Ziel eher hinderlich sein. Wer eine ausführliche Darstellung der Problematik der Multiplen Persönlichkeit sucht, sei auf Erlebnisberichte und die einschlägige Fachliteratur hingewiesen. Viele eindrückliche Beispiele und umfassende therapeutische Vorgehensweisen enthält das umfassende Buch der deutschen Psychologin Michaela Huber, die in großer Einfühlsamkeit und Literaturkenntnis über dieses Thema schreibt.

WAS IST EINE MULTIPLE PERSÖNLICHKEIT?

Im Diagnostischen Handbuch DSM-IV werden die Kriterien für eine Multiple Persönlichkeitsstörung (unter dem neuen Begriff der Dissoziativen Identitätsstörung) wie folgt umschrieben:

A) Die Existenz von zwei oder mehr unterschiedlichen Persönlichkeiten oder Persönlichkeitszuständen innerhalb einer Person (jede mit einem eigenen relativ überdauernden Muster, die Umgebung und sich selbst wahrzunehmen, sich auf sie zu beziehen und sich gedanklich mit ihnen auseinanderzusetzen).

B) Mindestens zwei dieser Persönlichkeiten oder Persönlichkeitszustände übernehmen wiederholt die volle Kontrolle über das Verhalten des Individuums.

C) Unfähigkeit, sich an wesentliche persönliche Informationen zu erinnern, die weit über eine gewöhnliche Vergesslichkeit hinausgeht.

D) Die Störung lässt sich nicht auf Alkohol, Drogen oder Medikamente sowie auf Störungen der Hirntätigkeit (wie z.B. eine komplexe partielle Epilepsie) zurückführen.

Diese Kriterien werden im ergänzenden Text ausführlich dargestellt. Die Anzahl der möglichen Persönlichkeitszustände variiert zwischen zwei und über hundert. Die einzelnen Persönlichkeiten sind sich der Existenz einiger oder aller anderen »Personen« in unterschiedlichem Ausmaß bewusst, und einige von ihnen können die anderen als Freunde, Kameraden oder Widersacher erleben. Die jeweils vorherrschende Persönlichkeit kann von anderen wahrgenommen und beeinflusst werden. Episoden mit zeitweisem Erinnerungsverlust sind häufig. Einige Persönlichkeiten können sozial so angepasst sein, dass sie eine erfolgreiche Berufstätigkeit ausüben, doch wechseln sie ab mit anderen Persönlichkeiten, die eindeutig dysfunktional sind, d.h. das Leben nicht bewältigen können. Manche Patienten berichten von inneren Gesprächen unter den Persönlichkeiten.

Die Persönlichkeiten werden als Ergebnis einer Dissoziation (vgl. Kapitel 3) betrachtet. Dies hat dazu geführt, dass in der vierten Version des Diagnostischen Handbuches der Amerikanischen Psychiatrischen Vereinigung (APA), im DSM-IV, nicht mehr von Multipler Persönlichkeitsstörung, sondern von Dissoziativer Identitätsstörung gesprochen wird.

Als ich zum ersten Mal einer jungen Frau mit einer multiplen Persönlichkeit begegnete, traute ich zuerst meinen Ohren nicht. Sie war wegen einer unklaren Psychose in eine staatliche Klinik gekommen, und zeitweise litt sie auch an psychotischen Ängsten, die aber auf Neuroleptika weitgehend in den Hintergrund traten. Trotzdem blieb aber eine Zersplitterung der Person, die in dieser Form bei einer Schizophrenie nicht zu beobachten ist.

Auffällig war insbesondere, dass sie immer in der »Wir«-Form von sich sprach. Auf meine Frage, was sie denn beruflich mache, antwortete sie: »Zur Arbeit schicken wir Frau Mahrer, die kann das am besten!« In den weiteren Gesprächen entspann sich ein eigenartiges Drama von sieben »Personen«, die ganz unterschiedliche Aufgaben übernahmen.

Die Lebensgeschichte, die im folgenden stark verfremdet wird, war eine große Tragik. Cornelia M. wurde nach erfolglosen Abtreibungsversuchen als Frühgeburt in die Familie eines alkoholkranken Bergarbeiters geboren, die in einer heruntergekommenen Hochhaussiedlung einer deutschen Großstadt lebte. Weil die ebenfalls alkoholkranke und verhärmte Mutter arbeiten ging, wurde das Baby in die Obhut eines arbeitslosen invaliden und alkoholkranken Kollegen und seiner Freundin zwei Stockwerke höher gegeben. Dort sei es seit dem zweiten Lebensjahr zu täglichem sexuellen Missbrauch, verbunden mit brutalen Drohungen, gekommen.

So sei sie beispielsweise an den Füßen aus dem Fenster gehalten worden: »Ich lasse dich fallen, wenn du irgend jemand etwas sagst!« Etwa ab dem zehnten Lebensjahr konnte Cornelia die Übergriffe allmählich abwehren. In dieser Zeit begann sie selbst mit Alkohol und Haschisch, schwänzte die Schule und blieb trotz guter Intelligenz zweimal sitzen. Mit neun Jahren habe sie versucht sich zu erhängen, später folgten weitere Suizidversuche mit Haushaltsgiften, die jedoch von der Umgebung nicht ernst genommen worden seien. Eine erste psychotherapeutische Behandlung erfolgte mit 14 Jahren wegen der Alkohol- und Drogenproblematik. Es grenzt an ein Wunder, dass sie sich später stabilisierte und sogar einen anspruchsvollen Beruf erlernte.

In den Gesprächen beschrieb die Patientin ihr Erleben als Zusammenwirken von sieben deutlich voneinander unterscheidbaren Personen. Die Entstehungsbedingungen hatten folgenden realen Hintergrund: Die kleine Cornelia Maurer (die Namen wurden verändert, sollen aber etwas von der Dynamik widerspiegeln) lebte täglich in zwei Welten: In der Wohnung ihrer Eltern war sie »Nelle«, ungeliebt, aber doch einigermaßen geschützt, beim »Onkel« und seiner Freundin im 3. Stock wurde sie »Conny« genannt, wehrlos ausgeliefertes Opfer sexueller Gewalt, herzloser Beschimpfungen und brutaler körperlicher Misshandlung. Die Patientin gibt an, dass in diesem

Spannungsfeld die beiden Hauptfiguren ihrer Innenwelt entstanden seien, die kleine, hilflose »Conny« und die starke Beschützerin »Nelle«. »Die schreiende Kleine«, Conny, trete (auch noch im Erwachsenenalter) immer dann auf, wenn sie sich bedroht fühle oder an traumatische Ereignisse erinnert werde. Eine weitere »Person«, der »böse Mann« befehle ihr dann, sich zu schneiden oder mit Zigaretten zu brennen.

Die innere Helferin »Nelle« werde vorgeschickt, wenn sie sich im Leben behaupten müsse. »Sie ist stark, die kann kämpfen!« Eine weitere Figur, »Frau Mahrer« übernehme die Arbeit im Büro, sodass sie nach außen funktioniere. Obwohl sich die Personen gegenseitig zu kennen scheinen, berichtet die Patientin von Situationen, wo beispielsweise eine Person die Vorherrschaft an sich habe reißen wollen.

So habe sie sich eines Abends mit ihrem Auto weit weg von ihrem Wohnort wiedergefunden, ohne sich daran erinnern zu können, wie sie an diesen Ort gekommen sei. Solche Zeitlücken nennt man auch Amnesie, ein häufiges Symptom bei Menschen mit einer Multiplen Persönlichkeit. Einmal habe eine weitere Person, »Goja« die Macht an sich reißen wollen und alle in eine Drogeneinrichtung bringen wollen. »Die andern Personen« hätten es aber nicht zugelassen, dass es zu dieser »Machtübernahme« gekommen sei.

Überhaupt kommt es bei Multiplen häufig zu großen inneren Diskussionen unter den »Personen«. Versucht man diese umzudeuten als inneres Hin- und Hergerissensein zwischen verschiedenen Strebungen, wie es ja viele Menschen erleben, so beharren sie immer wieder darauf, es seien verschiedene Personen, die sich in ihnen streiten würden.

ENTSTEHUNG NEUER »PERSONEN«

Doch wie können wir uns die Entstehung solcher »Personen« vorstellen? Eine andere junge Frau schilderte mir, wie »die Kinder« in ihr entstanden waren. Sie wurde bei einer langen Vorgeschichte von schwerem sexuellem Missbrauch von ihrem Vater immer wieder an einen Satanszirkel »ausgeliehen«, wo sie an Neumondfesten in einem Kellergewölbe als eine Art »Tempelmädchen« dienen musste. Oft sei sie nackt auf einen Steinaltar gebunden worden und habe geschlottert vor Angst und Kälte.

Die Dinge, die sie in diesen Ritualen miterleben, über sich ergehen lassen und aktiv tun musste, gehen über die normale Vorstellungskraft hinaus. Würden sie nicht von unabhängigen Berichten immer wieder geschildert oder in dramatischen Ereignissen ab und zu an die Öffentlichkeit gezerrt, so würde man sie als Erfindung einer überspannten Leserin von Gruselromanen abqualifizieren. Vieles in der Art ihrer Berichte deutete aber derart deutlich darauf hin, dass hier in ständigem Ringen um Worte die Wahrheit geschildert wurde, dass ich nicht umhin konnte, ihr zu glauben.

Wie kann ein kleines Mädchen so etwas überleben? Wie wird die zerbrechliche Psyche eines derart extrem misshandelten, eingeschüchterten und zu Tode geängstigten Kindes mit solchen Erfahrungen fertig? Hier liegt der Kernpunkt der Entstehung neuer »Personen«: Immer wieder erlebte sie, dass es zu einer eigenartigen Veränderung ihres Bewusstseins kam: »Es war als würde ich aus meinem Körper herausgehen. Der Schmerz und die Kälte klangen ab, der Geruch von Blut und Weihrauch verzog sich, das Bellen der Hunde und die Beschwörungen des schwarzen Mannes verhallten und ich wurde von warmem Dunkel eingehüllt. Es war mir, als würde jemand anders die Dinge tun, die ich tat; als würde der Körper eines andern Mädchens gequält. Ich kam erst wieder zur vollen Besinnung, als ich schon auf dem Rücksitz des Autos kauerte, das mich nach Hause brachte. – Aber diese andere Person blieb irgendwie. Es war, als sei in mir ein Kind gestorben, das sich in einen Tunnel tief in meinem Inneren geflüchtet hat und sich dort bis heute versteckt.«

Solche Geschichten kann man letztlich nicht mehr wissenschaftlich oder theologisch analysieren. Man nimmt einfach Anteil am existenziellen Erleben eines Menschen, der Furchtbares überlebt hat. Man kann es nicht ungeschehen machen und man kann irgendwie auch nicht trösten. Man kann nur da sein, bereit zum Zuhören.

Wenn ein Kind aus einer normalen Familie etwas Furchtbares erlebt (z.B., dass ein Lastwagen einen Freund aus dem Kindergarten vor seinen Augen totfährt), so wird es wenigstens getröstet, gehalten und gestützt. Das verhindert ein Auseinanderbrechen der Persönlichkeit. Aber Kinder, die so massiv missbraucht werden, haben niemand, der sie tröstet. Vielleicht werden sie sogar noch angeschimpft, weil sie weinen, oder brutal bestraft, weil sie sich »widerspenstig benehmen«. Es verwundert nicht, dass sie sich innerlich nach jemand sehnen, der sie beschützt, nach jemand, der nach außen stark ist, der die Kraft hat, sich zu wehren. Praktisch bei allen »Multiplen« entstehen dann in der Fantasie sogenannte »Beschützer-Personen«, wie etwa »Nelle« im obigen Beispiel.

Aber es gibt auch innere »Ankläger«, die jenen Selbstzweifeln und Schuldgefühlen eine Stimme geben, von denen praktisch alle Opfer von sexueller

Gewalt geplagt werden. Wie oft hören sie von ihren Peinigern: »Du willst es doch selbst! Du hast doch auch schöne Gefühle dabei! Du bist es doch, die mich verführt, du kleine Hure!« Und im Erwachsenenleben findet sich dann eben auch eine solche dunkle »Person«, die von einer Patientin sogar als »Dämon« bezeichnet wurde.

So entsteht also im Inneren einer multiplen Persönlichkeit ein ganzes »Welttheater« im Kleinen, in dem die drei Hauptgruppen, nämlich Opfer (»gestorbene oder schreiende Kinder«), Beschützerinnen und Beschützer, sowie Verfolger (»böse Männer« oder auch Frauen) in einem komplexen Zusammenspiel das Leben zu bewältigen suchen. Die »Personen« erhalten Namen und gewinnen durch die vielfältigen Erfahrungen zusätzlich an Profil.

»Jael ist stark und mutig«, erzählt eine Patientin von ihrer Beschützer-Person. »Als uns unser Arbeitgeber den letzten Lohn nicht mehr zahlen wollte, haben wir sie vorgeschickt. Sie hat ihm mit einer Anzeige gedroht, da hat er plötzlich eingelenkt!«

Immer wieder wird betont, wie wichtig die anderen »Personen« sind. »Wir brauchen einander, um einander zu trösten und zu helfen.« Oft werden rege Diskussionen unter den »Personen« geschildert. Während Außenstehende nur die »Gastpersönlichkeit« mit ihrer verwirrenden Instabilität wahrnehmen, zieht da in der inneren Wirklichkeit der »Multiplen« eine ganze Gruppe von Gestalten durch die Wirrnisse und Fährnisse des Lebens, manchmal wie ein verhärmter und verängstigter Flüchtlingstreck, manchmal auch wie eine Familie von Fahrenden, die miteinander durch die Lande ziehen und sich abends am Lagerfeuer zu Gesprächen treffen.

EIN WISSENSCHAFTLICHES ENTSTEHUNGSMODELL

Die Geschichten tönen oft derart fantasievoll, dass man sich fragt, ob man das oben geschilderte Geschehen überhaupt wissenschaftlich psychologisch fassen kann. In Abbildung 6-1 wird ein Entstehungsmodell vorgestellt, das sowohl psychodynamische Aspekte als auch biochemisch-neuroplastische Konzepte der biologischen Psychiatrie berücksichtigt. Man geht heute davon aus, dass eine Störung mit multipler Persönlichkeit als spezifischer Abwehr- bzw. Bewältigungsvorgang in der frühen Kindheit zu verstehen ist, wenn das Kind hilflos einem überwältigenden, möglicherweise lebensbedrohlichen Trauma ausgeliefert ist.

Sicher ist eine frühkindliche Persönlichkeit ganz allgemein sehr zerbrech-

Abbildung 6-1:
Ein Modell der Entstehung multipler Persönlichkeitsstörungen

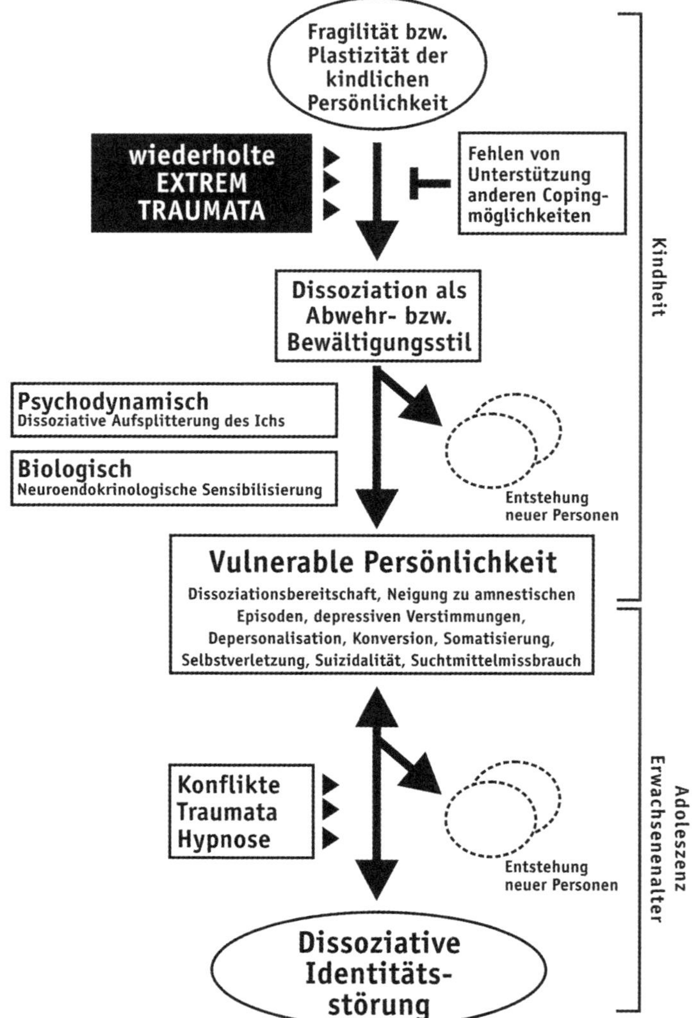

Pfeifer S., Brenner L. & Spengler W. (1994): Multiple Persönlichkeitsstörung – Darstellung von zwei Fällen und Entstehungsmodell. Nervenarzt 65:623–627.

lich, doch scheint es, dass manche Kinder eine erhöhte Verletzlichkeit haben, im Sinne einer Dissoziation, also einer inneren Abspaltung zu reagieren. Dabei handelt es sich nicht nur um psychologische Vorgänge. Heute weiß man auch um biochemische Mechanismen in den Nervenzellen des Gehirns. Es wäre daher vorstellbar, dass die wiederholte Extrem-Traumatisierung beim betroffenen Kind eine biochemische Bahnung in Gang setzt, die nicht nur während des aktuellen Traumas neue Identitätsabsplitterungen (»Personen«) entstehen lässt, sondern einen Zustand dauernder Dissoziationsbereitschaft erzeugt, die auch später das neue Auftreten von Persönlichkeiten erlaubt.

In der frühkindlich gesetzten traumatischen Weichenstellung liegt damit der wesentliche Unterschied zur Posttraumatischen Belastungsstörung des Erwachsenen (vgl. Kapitel 2), die praktisch nie zu einer Ich-Aufsplitterung führt, weil sich die Primärpersönlichkeit im Verlauf einer normalen Entwicklung soweit gefestigt hat, dass die Identität auch unter Extrem-Traumatisierung keine inneren Abspaltungen mehr zulässt.

PROBLEME MIT DER DIAGNOSE EINER »MULTIPLEN PERSÖNLICHKEIT«

Das Vollbild einer multiplen Persönlichkeit ist ausgesprochen selten. Wir haben an unserer Klinik innerhalb von zehn Jahren unter mehr als 5000 Patienten lediglich zwei Fälle einer »echten« Störung mit Multipler Persönlichkeit gesehen. Doch die Aufmerksamkeit, die der Diagnose in den letzten Jahren zuteil wurde, hat Therapeutinnen und Therapeuten verleitet, derart suggestiv nach »anderen Personen« zu fragen, dass es zu regelrechten Epidemien von »Multiplen« kam. Es erfüllt mich daher mit Sorge, dass manche Therapeuten und Seelsorgerinnen in auffallender Häufigkeit »Multiple Persönlichkeiten« entdecken, wo es sich vielleicht nur um dissoziative Störungen oder eine Borderlinestörung handelt.

Im besten Fall kann man ihnen ihre Betroffenheit und ihr Engagement zugute halten, im schlechtesten Fall aber auch eine unscharfe Diagnostik und eine therapeutisch bedingte Verschlimmerung der Grundproblematik. Nicht zu Unrecht wird von den Kritikern auf die »100 Gesichter der Hysterie« hingewiesen, von denen einige sich nun als »Multiple« zu profilieren suchen. Man wird unwillkürlich an die Hysterie-Epidemien im Paris des 19. Jahrhunderts erinnert, die durch hypnotische Manipulation und diagnostische Einseitigkeit immer neue Blüten hervorbrachte. Besonders problematisch ist der Umstand, dass einzelne Straftäter für sich in Anspruch nahmen, nicht sie selbst hätten beispielsweise einen Mord begangen, sondern die »andere Persönlichkeit« in ihnen hätte die Macht an sich gerissen. Hier wurde ganz eindeutig Missbrauch mit der Diagnose getrieben.

Welche Alternativen bieten sich zur Erklärung an? Als Außenstehender ist man geneigt, diese Erlebnisform als theatralische Darstellung ganz normaler innerseelischer Vorgänge anzusehen. Beim Erwachsenen gibt es ja auch das innere Hin- und Hergerissensein zwischen verschiedenen Strebungen, zwischen Lust und Abscheu, Freiheit und Selbstvorwurf, Durchsetzungsvermögen und Kleinmut, Fleisch und Geist. Aber die »multiple Persönlichkeit« besteht darauf, dass es sich nicht nur um Anteile, um Strebungen, um Konflikte zwischen Ich, Es und Über-Ich handelt, »nein, wir sind wirklich mehrere Personen!«

Von einer multiplen Persönlichkeitsstörung kann man hingegen nicht sprechen, wenn sich eine Person innerlich zerrissen fühlt oder wenn »zwei Zentren der Aufmerksamkeit« oder »zwei Bewußtseinsströmungen« gleichzeitig vorhanden sind. Es reicht auch nicht aus, wenn eine Person unter starken Stimmungsschwankungen leidet oder sich manchmal fühlt »als wäre ich meine Mutter«. In einem echten Fall von multipler Persönlichkeitsstörung hat jede »Person« ein Gefühl der Individualität, unter Ausschluss der einen oder der mehreren anderen. Die betroffenen Patienten beharren darauf, dass es sich nicht nur um Zustände handle, sondern um echte Personen, die sich in ihnen manifestierten.

Diese besondere Konstellation stellt auch die Grundlage für die Abgrenzung (Differenzialdiagnose) zu anderen Störungen dar. Am häufigsten erfüllen die Betroffenen die Kriterien für eine Borderline-Störung mit ihrer durchgehenden Identitätsstörung und der starken seelischen Instabilität. Ich neige dazu, Patienten mit einer Multiplen Persönlichkeitsstörung als extreme Form einer Borderline-Persönlichkeitsstörung zu betrachten. Eine andere Abgrenzung ist die Frage der Schizophrenie. Die von den Patienten geschilderten Gespräche unter den Personen werden von manchen Autoren als Gehörshalluzinationen gedeutet und dem schizophrenen Formenkreis zugeordnet, jedoch fehlt ein Muster durchgängiger schizophrener Symptome, insbesondere im Bereich der Störungen der Gefühle und des Denkens. Als weitere Differenzialdiagnose wird an eine hysterische Störung im weitesten Sinne gedacht, weil die Patienten oftmals eine vielfältige dissoziative und somatisierende Symptomatik zeigen, dabei aber oft auch sehr demonstrativ und theatralisch wirken. Die häufig vorhandenen Ängste und depressiven Verstimmungen werden manchmal als Depression gedeutet, insbesondere, wenn die Betroffenen nichts von ihrer spezifischen Problematik sagen.

Ob der erhitzten Diskussion zu Pro und Kontra geht beinahe vergessen, dass die Betroffenen zutiefst Leidende sind, innerlich zerrissen und verletzt. Ihre Störungen entsprechen der Instabilität der Borderlinepatienten, nur ist die dissoziative Komponente stärker ausgeprägt. Man hilft ihnen nicht, wenn sich die Therapeutinnen in ihrer Betroffenheit in das große Drama der Patientinnen einspannen lassen und sogar noch neue Phänomene produzieren.

BESESSENHEIT UND MULTIPLE PERSÖNLICHKEIT

Von christlichen Seelsorgern höre ich nun aber noch weitergehende Fragen. Haben wir es hier nicht mit Fällen von Besessenheit zu tun? Sind diese »Personen« nicht mehr als traumatische Persönlichkeits-Absplitterungen, mehr als personifizierte Anteile der Persönlichkeit? Wenn solche Zustandsbilder gerade in satanistischen Ritualen auftreten, ist es dann nicht klar, dass es sich um Dämonen handelt?

Sicher haben wir es bei den Erfahrungen dieser Menschen mit dem Bösen in solch unverhüllter Gestalt zu tun, dass nur vergeistigte Schönwetter-Theologen die Augen davor verschließen können. Auf der anderen Seite würde eine vereinfachte Dämonen-Erklärung ja auch eine einfache Lösung anbieten: Ein Gebet um Befreiung von bösen Kräften, oder vielleicht ein intensiverer Exorzismus müsste die »Personen« zum Verschwinden bringen und die Grundperson als Einheit wiederherstellen.

Doch ganz so einfach ist es nicht. Vor allem gilt es immer wieder davor zu warnen, alles, was schwer verständlich ist, gleich mit Dämonen zu erklären. Aus ärztlicher Sicht möchte ich zu bedenken geben, dass in diesen Ritualen ja nicht nur ein Satanskult betrieben wird. Die Erfahrungen der ständigen Todesnähe, der Verlassenheit und des Ausgeliefertseins sind so schrecklich, dass es gar nicht unbedingt eine Teufelsanbetung braucht, um schwerste seelische Schäden zu setzen. Genauso gut könnte es sich um ein Foltercamp handeln, wie sie aus vielen Kriegsgebieten bekannt sind.

Zu fragen wäre auch: Was signalisiert eine Seelsorgerin, die nur die geistlichen bzw. die dämonischen Aspekte betont? Nimmt sie die betroffene Person damit ganzheitlich ernst? Öffnet sie die Türen zur Heilung, oder kommt es möglicherweise zu einem neuen Zwang, sich einem Ritual zu unterziehen, diesmal eben einer christlichen Freibetung?

Ich hatte Gelegenheit, mit mehreren Menschen zu sprechen, die wegen dissoziativer Störungen freigebetet wurden. Viele hatten im Verlauf der Seelsorge selbst den Wunsch geäußert, sich in diesem Bereich von allem zu lösen, was ihrer Heilung hinderlich sein könnte. Oft handelte es sich um ruhige Gebete, in denen Gott um Lösung von Bindungen gebeten wurde. Nur ganz selten gab es unethische Manipulationen, in denen sich Seelsorger einer Patientin gegen ihren Willen aufdrängten. Aber in keinem Fall wurden ihre Probleme nur durch die »Befreiung von okkulten Bindungen« gelöst. Hilfreich sind solche Vorgehensweisen nur dann, wenn sie eingebettet werden in eine längerfristige verständnisvolle Begleitung, die auch die seelischen Wunden ernst nimmt, unter denen diese Menschen leiden.

WIE KANN MAN »MULTIPLEN« HELFEN?

Die Hinweise auf Therapie und Seelsorge in den folgenden Kapiteln geben einige Richtlinien für die seelsorglich-therapeutische Begleitung von Borderlinepatienten, die sich auch voll auf die Multiple Persönlichkeit anwenden lassen. An dieser Stelle kann ich nur einige wenige Hinweise für den seelsorglich-therapeutischen Umgang mit »Multiplen« geben.

1. Lassen Sie sich nicht zu tief ein. Setzen sie klare Grenzen und schürfen Sie nicht tiefer, als Sie die Patientin selbst an sich herankommen lässt. Sie müssen Ihre eigenen Kräfte einteilen, um sich in der langen Begleitung vor dem Ausbrennen zu schützen. Gleichzeitig verhindern Sie durch ein sachtes Vorgehen einen Dammbruch bei der Betroffenen, den Sie nicht mehr auffangen können.

2. Die Gegenwart ist wichtiger als die Vergangenheit. Konzentrieren Sie sich nicht nur auf die Aufarbeitung der Verletzungen, sondern betonen Sie die Wichtigkeit, im Hier und Jetzt zu leben. Die Ordnung von Wohnung, Arbeit und Beziehungen gibt der betroffenen Patientin die Stabilität, in der sie dann auch vorsichtige Blicke in die Vergangenheit werfen kann.

3. Bereiten Sie sich auf ungewöhnliche Äußerungen der Problematik vor, ohne zu erschrecken. Plötzliche Veränderungen in Stimmung, Tonfall und Beziehung (sogenannte »switches«) können auf kleinste Auslöser hin auftreten. Die gleiche Person kann manchmal sehr erwachsen und bestimmt auftreten, manchmal aber auch wie ein kleines Kind, je nach dem, welcher Anteil gerade die Kontrolle hat.

4. Ermutigen Sie zum Malen, Zeichnen und Schreiben: Gerade die »Kinder« können sich oft besser durch Bilder mitteilen. Was sie dann (je nach dem Alter ihrer »Entstehung«) malen, bringt in den einfachen Strichzeichnungen oft eine enorme Tragik zum Ausdruck. Manche »Personen« schreiben gerne Briefe. Wundern Sie sich nicht, wenn Sie von einer erwachsenen Frau einen Brief in ungelenker Handschrift erhalten, in dem vielleicht »Peter, 10 Jahre« unterschreibt.

5. Lernen Sie das System der Personen kennen. Therapie mit einer »Multiplen« kann zu einer »Gruppentherapie mit einer Einzelperson« werden. In den Gesprächen mit einer Betroffenen, die sich über etwa vier Jahre hinzogen, meldeten sich immer wieder neue »Personen«, viele davon Kinder, die in diesen furchtbaren Momenten des Missbrauchs und der Folterung entstanden waren. Oft begann die Patientin mit den Worten: »Wir haben darüber geredet, wer heute zu Ihnen gehen und erzählen soll.« Dies ist einfach eine andere Formulierung für den üblichen Satz: »Ich habe mir überlegt, worüber ich heute mit Ihnen sprechen möchte.« Der Seelsorger braucht Bereitschaft, solche ungewöhnliche Formulierungen anzunehmen, ohne abzuwehren, denn so wird er allmählich das System und damit auch die Geschichte der Person besser kennenlernen.

Es besteht allerdings die Gefahr, dass manche »Kinder« in der Therapeutin bzw. Seelsorgerin eine Ersatzmutter sehen und sich allzu stark an sie anlehnen. Manche »Personen« werden die Therapeutin bitten, stellvertretend für sie mit »den andern« zu reden. Hier ist jedoch große Vorsicht geboten, um nicht in die internen Kämpfe des Systems hineingezogen zu werden. Weisen Sie immer darauf hin, dass Sie in dem Prozess der Verständigung nur unterstützen können, dass aber die erwachsenen Anteile die Aufgabe übernehmen müssen, das innere Gespräch unter den einzelnen »Personen« zu führen.

6. Bereiten Sie sich auf Krisen vor. Machen Sie mit der Betroffenen ab, welche »erwachsene Person« den Überblick hat und bereit ist, die Verantwortung zu übernehmen, wenn z.B. ein »Kind« in der Erinnerung völlig verzweifelt und in eine Krise gerät. Das Ansprechen der »Erwachsenen« kann dann oft zu einer Beruhigung und zum geordneten Abschluss einer Stunde führen. Sprechen Sie aber auch ab, wo die Grenzen Ihrer Möglichkeiten sind. Insbesondere ist eine Begleitung nur möglich, wenn die »Personen« bereit sind, auf Gewalt gegen die »Gastpersönlichkeit« zu verzichten, also, wenn man nicht befürchten muss, dass es demnächst zu einem Suizidversuch kommt.

7. Supervision und Psychohygiene: Manche Therapeutinnen und Seelsorger sind so betroffen vom Schicksal einer schwerst missbrauchten Frau, dass sie ihr enorm viel Zeit und Kraft widmen, selbst in ihrer Freizeit. Oft haben sie zuletzt nicht mehr die kritische Distanz und geraten in eine schwere Erschöpfung. Aus diesem Grunde ist es dringend geboten, sich immer wieder mit anderen verantwortlichen Fachleuten zu besprechen und sich Rückhalt und konstruktive Kritik zu holen. Nehmen Sie auch genügend Zeit für sich selbst, für Beziehungen, Musik, Sport, und für ihr geistliches Leben. Stellen Sie sich ganz bewusst unter den Schutz Gottes und lernen Sie, immer wieder ihre Ratsuchenden an ihn abzugeben.

INTEGRATION DER »PERSONEN«

Nun haben wir lange über den Weg der Begleitung nachgedacht. Doch was ist denn nun eigentlich das therapeutische Ziel? Wohin soll das Gespräch die Betroffene eigentlich führen? Ist es das Verschmelzen zu völliger Einheit (Integration bzw. Fusion)? Das Verschwinden aller »Personen«? Das Anerkennen, dass es sich nicht um Personen, sondern nur um seelische Anteile handelt? Immer wieder wird man auch von den Patientinnen selbst gefragt: »Was wollen Sie eigentlich in den Gesprächen erreichen?« Nun würde man ja meinen, die Integration wäre eine Hilfe für die Betroffenen, doch oft kommen erstaunliche Ängste vor einem solchen Vorgang hoch: »Ich habe so Angst, dass wir sterben müssen, dass dann nur noch Gabriele (die Gastpersönlichkeit) da ist, ganz allein, ohne die andern!« Das Verschwinden der »Personen« wird also als Auslöschen und Sterben verstanden. Aus diesem Grund ist es ratsam, ein stufenweises Ziel zu formulieren und dieses der »erwachsenen Person« zu erklären, die es dann auch an »die andern« weitergeben kann.

1. Äußere Stabilisierung: Wichtig ist nicht nur die Ordnung im Innenleben, sondern die äußere Ordnung. Nur wenn ein Mensch in stabilen Verhältnissen lebt, kann er auch sein Inneres stabilisieren. Mein erstes Ziel ist es daher sicherzustellen, dass jemand sich in ihrer Arbeit bewährt, in einem klaren Rahmen wohnt (möglichst nicht mehr im Täterumkreis) und, wenn sie Christ ist, Anschluss an eine Kirche oder einen Hauskreis hat.

2. Möglichkeit zur Aussprache: Die Gespräche sollen in erster Linie Gelegenheit geben, das auszusprechen, was man noch nie jemand mitteilen konnte. Und eigenartig: Jedes Mal, wenn sich ein »Kind« herausgewagt hatte, und seine Geschichte erzählt hatte, verlor es seine destruktive Macht über die Patientin, wurde »ruhig« und musste »nicht mehr schreien und Angst haben«.

3. Vermehrtes Gleichgewicht der »Innenpersonen«: Darin unterscheiden sich multiple Patientinnen gar nicht so sehr von anderen Ratsuchenden. Auch diese müssen lernen, mit ihren widerstrebenden Gefühlen und Impulsen umzugehen, um dadurch ruhiger zu werden.

4. »Co-Bewusstheit«: Die »Personen« wissen soviel voneinander, dass sie sich nicht mehr gegenseitig ausschalten und Erinnerungslücken produzieren. Es bleiben zwar noch deutlich unterschiedliche Anteile oder »Personen«, aber sie können den Weg miteinander gehen.

5. Integration: Die aufgesplitterten Seelenanteile heilen zusammen. Die »Kinder« legen sich zur Ruhe und schreien nicht mehr, die »Erwachsenen« tun sich zusammen mit der »Gastpersönlichkeit« und bilden eine Einheit, die sich als »Ich«, als handelnde und eigenverantwortliche Person erlebt. Eine Patientin beschrieb das Gefühl nach der Integration mit folgenden Worten: *»Es ist manchmal unheimlich, die Stille in sich zu entdecken und doch so wunderbar schön, dass der Lärm der Welt störend wirkt. Es ist seltsam plötzlich Grenzen zu entdecken, die vorher nie da waren. Es ist seltsam, plötzlich ganz anders zu sein und manchmal macht es mir Angst. Und manchmal fühle ich Trauer und habe das Gefühl unheimlich viel verloren zu haben. Es gibt keine Stimmen in mir, kein Weinen, kein Singen, keine Verwirrung – wenn ich weine, dann bin ich es; wenn ich singe, dann bin ich es; wenn meine Gefühle durcheinander sind, so bin ich es und wenn ich nicht weiß, wie ich damit umgehen soll, dann ist niemand da, der es mir zeigen würde oder der es mir abnimmt. Es ist seltsam, dieses Gefühl, als ob ich erst jetzt leben würde.«*

Nicht immer lässt sich eine völlige Integration erreichen. Manche Multiple bleiben auch auf Stufe 3 oder 4 stehen. Oft bleibt ein Gefühl der Fremdheit. So schrieb mir eine Betroffene: *»Es ist schon seltsam – als ich ein Wir war, gehörte ich nicht in diese Welt und jetzt als eins gehöre ich ebenfalls nicht dazu. In gewissem Sinne werde ich immer eine Außenseiterin bleiben.«* In jedem Fall braucht es Jahre, bis es zu einer solchen Heilung kommt. Und wenn es geschehen darf, so betrachte ich es immer wieder als eine Geschenk von Gott, dass derart schwere seelische Wunden heilen und vernarben, und die zersplitterte Seele wieder zu einem Ganzen zusammenwachsen darf. Arzt, Seelsorgerin und Therapeutin sind nur Begleiter auf diesem Weg der Heilung, die letztlich nur Gott geben kann.

7 Hilfen zur Gesprächsführung

Warum kommen Borderlinepatienten eigentlich in die Therapie oder in die Seelsorge? Obwohl sich das Leiden von Borderlinepatienten schon seit der Kindheit hinzieht, gelingt es vielen unter ihnen doch immer wieder, ihr Leben in den Griff zu kriegen, sich durch die Schule zu schlagen und den Einstieg ins Erwachsenenleben zu schaffen. Vielleicht kommt es zu stürmischen Teenagerjahren, Schulproblemen, manchmal zu kleinerem Drogenmissbrauch, doch dann gewinnen sie etwas an Stabilität zurück. Die atemberaubenden Kurven auf der Achterbahn ihres Gefühlslebens weichen immer wieder ruhigeren Abschnitten, die eine Erholung ermöglichen und neue Hoffnung geben.

Doch häufig kommt es irgendwann zu Krisen und Konflikten, in denen die mühsam aufrecht erhaltene Fassade der Normalität Risse erhält. Krach mit den Eltern, Horrorerfahrungen nach dem erster Drogengebrauch, das Zerbrechen der großen Liebe – diese dramatischen Ereignisse können unvermittelt übergehen in den Tunnel gähnender Leere und Sinnlosigkeit.

Und dann kommt Angst auf, so intensiv, dass man sich nicht mehr zu spüren glaubt. Irgendwann wird den Betroffenen deutlich: Ich brauche Hilfe. Die Wege in Therapie und Seelsorge sind vielfältig: Da ist vielleicht eine Vertrauensperson, der man sich zu öffnen wagt. Oder aber man wird von Freunden gedrängt, endlich Hilfe zu suchen. Manchmal führt die Horrorfahrt in eine totale Entgleisung der Gefühle, die einer klinischen Behandlung bedarf.

THERAPEUTISCHE ANSÄTZE BEI BORDERLINE-STÖRUNGEN

In der Psychotherapie haben sich in den letzten 20 Jahren verschiedene therapeutische Schulen intensiver mit der Borderlinestörung beschäftigt. Hier ist eine kleine Auflistung:

>> Dialektisch-Behaviorale Therapie nach Linehan (vgl. Kapitel 9)
>> Mentalisierungs-basierte Therapie
>> Übertragungs-fokussierte Therapie nach Kernberg
>> Schema-fokussierte Therapie (nach J. Young)
>> Supportive Psychotherapie

Es würde den Rahmen dieses Buches sprengen, auf alle diese Ansätze genauer einzugehen. Sie alle haben letztlich das Ziel, den Betroffenen zu helfen, ihr inneres Chaos zu ordnen und das Leben besser anzupacken. Gleichzeitig hat die Psychotherapie-Forschung gezeigt, dass die Technik allein nur etwa 10 bis 15 Prozent zum Therapie-Erfolg beiträgt. Viel wichtiger ist die therapeutische Beziehung.

DAS DILEMMA: OPFER ODER VERANTWORTUNG?

Wer mit Borderlinepatienten zu tun hat, wird oft mit vielen Problemen gleichzeitig konfrontiert. Da ist einerseits der anklammernde Hilfeschrei, die Sehnsucht nach neuer Geborgenheit in der Therapie. Doch andererseits fragt man sich auch nach der Eigenverantwortung der betroffenen Person. Ist die Betroffene Opfer oder trägt sie auch eine Mitverantwortung an ihrem Ergehen? Wo muss sich der Therapeut oder die Seelsorgerin engagieren und in die Beziehung investieren, und wo muss sie sich abgrenzen, um den Betroffenen zu neuer Selbstständigkeit zu verhelfen? In den folgenden Gedanken wurde ich stark von Prof. Dr. Jerome Kroll geprägt, der zwei der besten Bücher über eine umfassende Therapie von Borderlinepatienten veröffentlicht hat.

In der therapeutischen Begegnung mit Borderline-Persönlichkeiten wird immer etwas von der Zerrissenheit ihrer Seele spürbar, das den Therapeuten nicht unberührt lässt. Von außen betrachtet kann man eine Borderline-Persönlichkeit beschreiben als eine Person,

1. die wiederholtes, unangepasstes Verhalten zeigt
2. die irgendwie genießt, was sie tut
3. die verantwortlich erscheint für ihr willentlich steuerbares Verhalten.

Von innen erlebt sich die gleiche Person ganz anders, nämlich als passive Zuschauerin oder Teilnehmerin in dem destruktiven Strom des Bewusstseins, das sie nicht kontrollieren kann. Sie kann nur begrenzt wahrnehmen, dass ihr gegenwärtiges Erleben durch die übermächtigen Prägungen der Vergangenheit geprägt wird. Und schließlich fühlt sie sich verzweifelt dem Zwang ausgeliefert, sich so und nicht anders zu verhalten – davonzulaufen, sich zu verletzen, andere anzuschreien und zu beleidigen.

Wenn man dem Borderlinepatienten sagt: »Du musst nur wollen!«, so gibt man ihm die Verantwortung. Die Sprache des Willens betrachtet den Patienten als verantwortlich und legt ihm sein Versagen als Willensschwachheit aus. Geht man aber davon aus, dass die Betroffenen unter einem inneren Zwang stehen, so entbindet die Sprache des Zwangs den Patienten von seiner Verantwortung und betrachtet sein Versagen als unwiderstehliche Impulse.

Wie kann man diese Spannung überbrücken? In den Gesprächen mit Betroffenen kristallisiert sich immer wieder folgendes Bild heraus: Sie haben wohl keine volle Kontrolle über die Gedanken und Impulse, jedoch besteht eine Kontrollmöglichkeit beim Verhalten. Doch auch hier stoßen sie an Grenzen: Selbst wenn man willentlich versucht, seine Gedanken auf »das Gute und Wohlgefällige« zu konzentrieren, so ist es doch eine Erfahrung, dass sich Handlungen unter Stress nicht immer voll steuern lassen.

Wenn die Sprache des Willens verwendet wird, so soll es nicht die Sprache des Vorwurfs sein. Wir reden zwar von dem, was der Patient in der Therapie will, aber die Wirklichkeit der betroffenen Person ist natürlich komplizierter: Gewohnheiten, Triebe, Verletzbarkeit, Muster und Wahrnehmungen, die durch Erfahrungen geprägt wurden, das grundlegende Temperament, die genetische Mitgift, psychologische Abwehr, existenzielle Verzweiflung – alle diese Elemente spielen in die komplexen Verhaltensmuster hinein, die der Therapeut anzusprechen versucht, und die wiederum durch die eigenen Wahrnehmungen und Vorstellungen des Therapeuten gesehen und gedeutet werden.

DAS »VIERFACHE ACKERFELD« DER THERAPIE

Was will der Patient eigentlich vom Seelsorger, von der Therapeutin? Zuerst einmal, ganz einfach Hilfe in seinem Lebensdurcheinander. Die Betroffenen möchten ihre Geschichte erzählen, ihre Not ausleeren, hervorwürgen, wie der ganze unerträgliche Zustand entstanden ist. Und sie werden auch etwas davon erzählen, wie sie bis jetzt durchs Leben gekommen sind, die Geschichte der bisherigen Strategien zur Linderung ihrer Spannungen und ihre Suche nach Hilfe.

Doch die Betroffenen haben oft nicht die gleichen Ziele wie Therapeut und Seelsorgerin: Ihnen geht es zuerst einmal darum, eine neue Beziehung mit einer Vertrauensperson aufzubauen, mit einem Menschen, der ihre Wünsche und Bedürfnisse erfüllen soll. Sie möchten aber auch eine neue Arena für ihr Lebensdrama und Gelegenheit, die alten Themen zu inszenieren. Sie werden also nicht plötzlich zu geduldigen, einsichtigen und lernbereiten Hilfeempfängern mutieren. Vielmehr werden die Betroffenen auch in der Therapie wieder ihre bisherigen destruktiven Muster ausprobieren, die ihnen die Beziehungen zu anderen Menschen so schwer machen.

Der geschulte Therapeut hat andere Ziele: Er möchte dem Patienten durch Einsicht und den therapeutischen Prozess helfen, dass es zu einer Heilung kommt. Gleichzeitig möchte er oder sie eine gewisse Distanz halten, sich also nicht in eine persönliche Beziehung einlassen oder etwas von sich selbst geben. Er/sie möchte zwar die alten, störenden Muster bearbeiten, aber diese nicht selbst in der Therapie erleben. Auf diese Weise kann Therapie zu einer Serie von Frustrationen, Anpassungen und gegenseitigen Enttäuschungen für Therapeut und Patient werden.

Im Verlauf der therapeutischen Gespräche müssen beide lernen: Die Patientin muss ihrerseits die überhöhten Ziele loslassen, mit allen Mitteln Liebe und Respekt vom Therapeuten zu ergattern und ihn zum Ersatz für alle bisherigen seelischen Entbehrungen zu machen. Der Therapeut muss auch Zugeständnisse machen: Er wird allmählich realisieren, dass seine hehren therapeutischen Ziele der Einsicht und der konstruktiven Zusammenarbeit nicht immer den Zielen des Patienten entsprechen. Er oder sie wird gefordert, mehr als nur logische Deutungen und vernünftige Richtlinien zu geben: Der Patient möchte Engagement, nicht nur eine distanzierte Lagebeschreibung. Aus diesem Widerstreit von Zielen und Methoden wächst ein Kompromiss, in dem beide Partner etwas von dem aufgeben müssen, was sie ursprünglich vorgesehen hatten.

Dabei muss die Patientin mehr aufgeben als der Therapeut. Die Therapie wird unter zwei Umständen scheitern: Erstens, wenn der Betroffene unwillig oder unfähig ist, sein Verlangen nach Zuwendung und seine destruktiven Beziehungsmuster in der Therapie aufzugeben. Zweitens, wenn der Therapeut den unreifen Wünschen nach Zuwendung in unzulässiger Weise nachgibt, und unangepasste Muster nicht erkennt, ja sich sogar in solche Muster einbeziehen lässt und das Agieren des Patienten noch unterstützt.

Das Schema in Tabelle 7-1 bringt etwas Ordnung in diese Fragen. Zwei große Bereiche schälen sich in jeder Therapie heraus. Zuerst sind da die tiefen Bedürfnisse, Sehnsüchte und Wünsche, die die Betroffenen an den Therapeuten herantragen. Zum andern leiden sie an den blutenden Wunden ihrer Vergangenheit, an den vielen Verletzungen, Enttäuschungen und an den verzerrten Denkweisen, mit denen sie an das Leben herangehen. Diese beiden Bereiche müssen nun aber noch einmal unterteilt werden in positive und negative Formen, wie diese in die Therapie eingebracht und bearbeitet werden. So ergeben sich vier Felder, die nun im einzelnen dargestellt werden sollen.

TABELLE 7-1: Vier Bereiche der Therapie

	BEDÜRFNISERFÜLLUNG	WIEDERHOLEN ALTER THEMEN
Positiv	– Wertschätzung: Bestätigung und Freiheit. – Unterstützung und Ermutigung – Jemand haben, der fürsorglich ist – Trauern können – Neu-Fokussierung von Zorn – Rollenmodell	– Verbalisieren und Katharsis – Überprüfen von Vertrauensthemen – Kognitives Neuverpacken – Errichten von angemessenen Grenzen – Innere Kontrollüberzeugungen
Negativ	– Abhängigkeit – Erlösung / Rettung – Sexualisierung – Anspruchshaltung	– Ausagieren – Übernehmen der Opferrolle – Identifikation mit dem Aggressor – Ausweichen vor alten Denkschemata – Äußere Kontrollüberzeugungen

(nach Kroll, 1993)

GESUNDE BEDÜRFNISERFÜLLUNG

Jeder Mensch hat ein tiefes Bedürfnis danach, angenommen zu werden, geliebt zu sein, geschätzt und geachtet zu werden. Menschen mit einer Borderlinestörung haben in dieser Hinsicht oft seit ihrer frühen Kindheit schwerwiegende Enttäuschungen erlebt. So ist es nicht verwunderlich, dass sie auch daran zweifeln, ob ihnen in der Seelsorge oder in der Therapie diese bedingungslose Annahme und Wertschätzung zuteil wird, nach der sie sich sehnen. Kann der Therapeut dieses Sehnen je stillen, oder führt seine Annahme schon wieder zur Abhängigkeit? Natürlich ergeben sich hier Grenzen und häufig ist sogar eine Abgrenzung nötig. Doch bedenken wir, dass es sich oft um zutiefst verletzte, ausgestoßene, deprimierte und selbstunsichere Menschen handelt, die uns da begegnen. Sie dürfen und sollen im Gespräch spüren, dass man ihnen in Anteilnahme und Interesse begegnet. Sie müssen spüren: ich werde als Person ernstgenommen, trotz all meiner Schwierigkeiten.

Annahme beinhaltet aber auch das Zulassen von negativen und destruktiven Gefühlen. Die Betroffenen müssen die Freiheit haben, ihre Wut, ihren Ekel, ihren Hass, aber auch ihre Trauer zu äußern, ohne dass dies gleich kommentiert, abgewertet oder auf die Seite geschoben wird. So gilt es manchmal zuzuhören, wenn eine junge Frau über den sexuellen Missbrauch durch ihren Vater erzählt, von ihrer Ausweglosigkeit und von den Stunden, in denen sie mit dem Fleischermesser in der Hand ernsthaft daran dachte, dem Tyrannen die Klinge in den Unterleib zu rammen. Und sie sitzt vor Ihnen, zerbrechlich und scheu, so gar nicht das Klischee einer potenziellen Mörderin, und sagt: »Ich mache mir immer wieder Vorwürfe, dass ich solche Gedanken hatte. Vielleicht war ich ja schuld, dass er sich an mir verging. Sowas darf ich doch gar nicht denken, schon gar nicht als Christ!« Dann kann der Seelsorger auch sein Verständnis signalisieren, dass sich in solchen Momenten Ausweglosigkeit und Abscheu bis in Mordfantasien steigern können. Man kann vielleicht auf Psalmen hinweisen, in denen der Beter gegenüber Gott seine Verzweiflung, seine Wut hinausschreit und mehr als einmal blutige Rache vom Himmel erfleht. Dieses Verständnis für solchen Hass bedeutet nicht aktives Gutheißen und sicher wird man zu gegebener Zeit bessere Wege zum Schutz vor dem Vater besprechen. Doch zuerst gilt es einfach, Anteil an dieser schrecklichen Jugend zu nehmen, die Trauer auszuhalten, die unter Tränen hervorbricht. Es wäre falsch, in diesen Momenten gleich von der Gefahr oder gar von der Sünde des Selbstmitleids zu sprechen. Genauso falsch wäre es auch, wenn ein Arzt gleich ein Antidepressivum verordnen würde, nur weil er eine so schmerzliche Erzählung nicht aushält.

GESUNDE GRENZEN SETZEN

Wertschätzung kann aber nur dort geschehen, wo sie gesunde Grenzen setzt. Dies ist umso wichtiger, weil die Patienten oft selbst nicht wissen, wo ihre Grenzen sind. Diese Grenzen müssen auch im Gespräch sorgfältig abgewogen werden. Wie weit bringt man sich selbst und sein eigenes Erleben ein, um der Patientin Anteilnahme zu vermitteln? Wie persönlich dürfen Komplimente sein? Es gilt also vorsichtig abzuwägen zwischen dem Prozess der Ermutigung und dem Inhalt, wie diese vermittelt wird. Hier ist zu bedenken, dass die Betroffenen häufig erlebt haben, dass bewundernde Worte über Kleidung, Körperpflege und Aussehen früher oft als erster Schritt zu weitergehenden Avancen erlebt wurden. Es kann – gerade zwischen einer Frau als Patientin und einem männlichen Therapeuten – eine explosive Mischung aus erotischen Wünschen und gleichzeitiger Angst vor sexueller Ausbeutung entstehen, die das Gespräch schwer belastet. Dabei sei nur nebenbei erwähnt, dass Borderline-Patientinnen in ihrer sexuellen Identitätsstörung auch zu weiblichen Therapeutinnen lesbische Impulse entwickeln können.

Abgrenzung kann auch in anderem Zusammenhang aktuell werden. Da erzählt eine 30-jährige Frau, wie sie noch heute obszöne Anrufe von ihrem Stiefvater erhält. Und nun bricht dieser anzüglich grinsende Mann mit dem schrillenden Telefon in ihre vermeintlich sichere Wohnung ein, vorbei an allen Türschlössern. Sie steht da, hört fassungslos zu, verkrampft sich um den Hörer und legt doch nicht auf, lässt alle Beschimpfungen über sich ergehen, als ob er da wäre und sich wieder auf sie stürzen würde, wenn sie nicht parierte. »Warum tue ich mir das an? Ich wage einfach nicht den Hörer aufzulegen.« Hier braucht es manchmal die Bestätigung durch die Seelsorgerin oder den Therapeuten: »Sie dürfen sich abgrenzen. Es ist nicht Ihr Fehler, er benimmt sich völlig daneben!«

Das Beispiel zeigt noch einen anderen Aspekt des Umgangs mit den seelischen Verletzungen, nämlich die Frage des Zorns. Das widerliche Verhalten dieses Mannes – sollte es nicht Zorn auslösen? Doch emotional traumatisierte Frauen neigen oft dazu, den Zorn gegen sich selbst zu richten. Statt wütend auf den schmierigen Typ mit seinen Obszönitäten zu werden, suchen sie nach Schuld in sich selbst und verurteilen sich selbst. Oft wird der Zorn auf sich selbst so stark, dass sie sich selbst bestrafen bis hin zu den hässlichen Selbstverletzungen, von denen schon die Rede war. Diese duldende Reaktion ist übrigens nicht spezifisch christlich, sie lässt sich auch bei Frauen beobachten, die keinen Bezug zum Glauben haben. Allerdings neigen gläubige Patientinnen dazu, ihr Verhalten christlich zu verbrämen. Hier ist es Aufgabe des Seelsorgers und der Therapeutin, den Betroffenen zu helfen, ihren Zorn neu auszurichten. Zorn in einer solchen Situation ist gerechtfertigt, ja eine gesunde Reaktion auf begangenes Unrecht. Sicher wird es in einer späteren Phase der Therapie auch nötig sein, darüber zu reden, wie man mit diesem Zorn richtig umgehen kann, aber ohne sich selbst zu verurteilen und zu verletzen.

In ihrem emotionalen Chaos fällt es den Patienten oft schwer, die richtigen Gefühle, Gedanken und inneren Haltungen zu finden, um eine Situation einzuordnen. Der Therapeut kann hier zum Rollenmodell werden. Dabei geht es nicht darum, dass der Therapeut ein Muster der Tugend und der Vernunft ist. Es reicht schon, einigermaßen vernünftig und bedacht zu sein. Die Seelsorgerin richtet nicht gleich und hört sich die Geschichte einmal an; sie denkt, bevor sie überstürzt handelt; sie reagiert nicht strafend oder ablehnend; sie setzt klare und gesunde Grenzen. Sie hält ihre Gefühle in einem normalen Rahmen; sie macht keine Vorwürfe; sie beutet das Gegenüber nicht aus und lässt sich nicht einwickeln in Beziehungsknäuel, und trotzdem wird immer wieder eine tiefe Anteilnahme am Schicksal der Patientin spürbar.

Diese Eigenschaften sind nur ein kleiner Ausschnitt dessen, was man von einem Therapeuten normalerweise erwarten darf. Sie umschreiben aber auch das, was in gesunder Weise der Bedürfniserfüllung beim Patientin entspricht. Es wird deutlich, dass viele von diesen Verhaltensweisen so automatisch ablaufen, dass sie einem normalerweise gar nicht bewusst werden. Dabei braucht es immer ein gutes Gleichgewicht: Zuviel Zuwendung ist genauso schädlich wie ein Sich-Verschließen gegenüber den tiefen Nöten der Betroffenen.

PROBLEMATISCHE BEDÜRFNISERFÜLLUNG

Doch es gibt auch problematische Wege der Bedürfniserfüllung. Diese können von den Patienten und von den Therapeuten ausgehen. Dabei hat die Therapeutin oder der Seelsorger immer die größere Verantwortung. Schon das Wort »Bedürfnis« ist eigentlich zwiespältig. Denn Borderlinepatienten neigen dazu, ihre Bedürfnisse in starren Schwarz-Weißmustern zu empfinden. Es fällt ihnen schwer, ihre Bedürfnisse in Bezug zu einem verantwortlichen Leben zu setzen. »Erst wenn ich mich wirklich angenommen fühle, kann ich überhaupt daran denken, wieder eine Arbeit aufzunehmen!« Und das Gefühl des Angenommenseins wird oft recht eigenwillig ausgelegt. Oft stellen Borderlinepatienten ihre Bedürfnisse über jede Notwendigkeit der Veränderung ihres Lebensstils. Wenn sich der Therapeut oder die Seelsorgerin in dieses Denkmuster hineinziehen lässt, kann es zu sehr ungünstigen Entwicklungen kommen.

Die erste große Gefahr ist die Erzeugung einer Abhängigkeit. Oft gelingt es Borderlinepatienten, beim Therapeuten den Eindruck zu erwecken, nur er oder sie könne ihnen wirklich helfen. Dazu sei es aber notwendig, wenigstens für eine gewisse Zeit fast uneingeschränkt zur Verfügung zu stehen, wenn ein neuer Schmerz in ihrer Seele aufbreche. Im Bestreben, diese Wünsche zu erfüllen (und sich selbst zu beweisen, dass man ein guter Therapeut ist), werden immer mehr Zugeständnisse gemacht: längere Therapiestunden; die Möglichkeit, jeden Tag zu telefonieren; Freizeit miteinander zu verbringen; gemeinsam an einem Wochenende ans Grab des Vaters zu fahren und seinen Verlust durchzuarbeiten etc. Und allmählich werden die Ansprüche immer höher, das Korsett der Abhängigkeit immer enger, bis schließlich die Seelsorgerin selbst überfordert ist.

Warum gelingt es dem Therapeuten, der Seelsorgerin dann nicht, sich rechtzeitig von diesen Ansprüchen abzugrenzen? Dahinter stehen bewusst oder unbewusst Vorstellungen, man sei die einzige Person, die diese Patientin wirklich aus dem Dunkel ihrer Not heraus ans Licht holen, ja Rettung und Erlösung vermitteln könne. Ich erinnere mich an den Vortrag eines Therapeuten, der sich auf Borderlinestörungen spezialisiert und sogar eine eigene Wohngemeinschaft gegründet hatte. Etwas in seinen Ausführungen löste in mir Unbehagen, ja Alarm aus. Er betonte die zerstörerische Rolle der Eltern und die Notwendigkeit, dass die Betroffenen in seiner Wohngemeinschaft eine völlig neue Familienerfahrung machen müssten. Der Kontakt mit der Familie wurde deshalb über Jahre hinweg unterbunden. Nichts sollte sie daran hindern, in der WG nochmals die ganze Kindheit zu durchlaufen, um bei ihm neue, gute Erfahrungen zu sammeln und alte Verletzungen zu heilen. Dabei stellte er sich und seine Frau als ideale Ersatzeltern dar – eine groteske Selbstüberschätzung. Viele Jahre später wurde dann deutlich, dass diese Übervater- und Erlöser-Fantasie bei seinen Patienten neue schwerste seelische Verletzungen erzeugt hatte.

Solches therapeutische Überengagement führt oft auch zu Konflikten mit der eigenen Familie. »Wenn ich mich nicht ganz in diese therapeutische Arbeit eingebe, dann bin ich schuld, wenn sie weiterhin an den Wunden ihrer Vergangenheit zugrunde geht! Meine Frau muss nun eben lernen, mich freizugeben für diesen Dienst.« So und ähnlich werden diese therapeutischen Größenfantasien nach außen gerechtfertigt. Dahinter stehen natürlich auch tiefe Bedürfnisse des Therapeuten. Zuhause stellt vielleicht seine Frau Ansprüche an ihn, holt ihn ganz untherapeutisch in die Niederungen des häuslichen Alltags herunter; seinen Kindern gegenüber fühlt er sich manchmal hilflos, weil sie so frech sind oder nur so blöde Spiele machen wollen, ohne wirklich tief nachzudenken. Wie anders ist es da in seiner Aufgabe als Seelsorger und Therapeut: In den Therapiestunden wird er wirklich gebraucht. Hier kann er seine Gaben voll einfließen lassen, seine Lebensaufgabe in ihrer besten Form erfüllen. Und hier wird ihm trotz harter therapeutischer Kämpfe auch immer wieder die Dankbarkeit entgegengebracht, die er zuhause vermisst. Das Lächeln seiner Patientinnen gibt ihm Kraft für den Alltag.

Wenn ein Therapeut die Gefahren der eigenen Bedürfniserfüllung nicht erkennt, so nützt er letztlich die Bedürfnisse seiner Patientinnen für seine Ziele aus. Das Verwischen der Grenzen führt dazu, dass sich Patienten und Patientinnen ermutigt fühlen, auch privatere Wünsche an den Therapeuten heranzutragen. Den Therapeuten für sich gewinnen, das gibt Selbstwert, ja Macht. Den Therapeuten zu gewinnen, das beinhaltet oft auch sexuelle Wünsche. »Sie sind der Mann, der meine Verwundungen heilen könnte. Mit Ihnen könnte ich Erfahrungen machen, die alle hässlichen Erlebnisse meiner Kindheit auslöschen würden.« Meist laufen die Avancen nicht so direkt ab, sie bahnen sich eher durch eine Vielzahl von kleinen Schritten, von bedeutungsvollen Blicken, warmem Lächeln nach verzweifelten Tränen, durch bewundernde Komplimente, heiße Briefe, verführerische Kleider, zufällige Berührungen und notfalls durch einen kleinen Schwächeanfall im Sprechzimmer an. Leider ist es nicht allen Therapeuten gelungen, diesen Versuchungen zu widerstehen, und die wachsende Literatur über sexuellen Missbrauch in der Therapie zeigt die Notwendigkeit einer guten Abgrenzung.

Schließlich ist noch eine letzte Gefahr der Bedürfniserfüllung zu erwähnen: Die enorme Anspruchshaltung, die Patienten in eine Therapie einbringen können, und die sie unterstreichen durch Selbstmorddrohungen, durch selbstzerstörerische Handlungen, andauernde Forderungen nach Aufmerksamkeit, zusätzlichen Therapiestunden, durch Betteln um Ratschläge, Trost, Mitgefühl und allgemeine Fürsorge. Nicht umsonst wurde das unschöne Wort vom »Fass ohne Boden« oder vom »unersättlichen« Patienten geprägt. Mit Recht fühlen sich viele Therapeuten überfordert, hin- und hergerissen zwischen dem Wunsch, echte Hilfe zu geben und dem unheimlichen Gefühl, emotional ausgesaugt zu werden.

Die Nöte unserer Patienten, ihre Kindheitserfahrungen und ihre gegenwärtigen Alltagsprobleme können ihnen mit allem Recht das Gefühl geben, die Welt sei ungerecht, feindlich und überhaupt nicht mehr der Ort, an dem sie leben möchten. Aber auch die beste Seelsorgerin oder Therapeutin ist nicht in der Lage, den Trost und das fürsorgliche Mitgefühl zu geben, die alle andern Frustrationen aufwiegt. Wer deshalb in der therapeutisch-seelsorglichen Arbeit mit Borderlinepatienten durchhalten möchte, muss sich in freundlicher, aber fester Weise vor überzogenen Ansprüchen abgrenzen. – »Ja, ich verstehe, dass Sie nicht mehr bei ihrer Mutter leben möchten, von der sie sich so abgelehnt fühlen. Aber es ist nicht möglich, dass Sie bei mir übernachten können, obwohl ich ein Gästezimmer habe. Falls Sie es wirklich nicht mehr aushalten, kann ich Sie zum Frauenwohnheim der Heilsarmee (oder in die Jugendherberge) bringen.« – »Ich verstehe, dass Sie Angst vor den drei Wochen haben, in denen ich in den Ferien bin. Aber ich habe Ihnen die Möglichkeit von Gesprächen bei meinem Kollegen vermittelt. – Nein, ich kann Ihnen die Telefonnummer meines Ferienortes nicht angeben, auch wenn Sie versprechen nicht anzurufen. Es ist für mich auch wichtig, mit meiner Familie Zeit zu verbringen, und neue Kräfte zu schöpfen. Dann kann ich auch wieder in einer guten und entspannten Weise für Sie da sein.«

Gegenüber Vorwürfen (»Ihre Familie ist ihnen wichtiger, als ich! Sie haben es schön miteinander, aber meine Not kümmert Sie ja nicht!«) muss man in freundlicher Weise fest bleiben. Es ist gar nicht notwendig, sich umständlich zu entschuldigen und zu erreichen, dass die Patientin Verständnis für die eigenen Bedürfnisse gewinnt. Es ist nicht zu empfehlen, von solchen Regeln Ausnahmen zu machen, weil sie die Begehrlichkeit nach mehr Zuwendung entfachen können. Wenn dann der Therapeut endlich merkt, dass er sich überfordert hat und nun drastische Grenzen setzt, ist die Enttäuschung viel größer und kann zu schweren Krisen führen.

Ziel solcher Abgrenzungen ist ein Zweifaches: Der betroffenen Person wird klar signalisiert, dass man sie in ihren Nöten ernst nimmt. Aber man vertraut auch darauf, dass sie innere Ressourcen hat, mit denen sie in eine Selbstständigkeit hineinwachsen kann, ohne sich völlig vom Seelsorger oder von der Therapeutin abhängig zu machen. Dadurch gibt man ihr die Festigkeit, die sie vielleicht in ihrer Jugend nicht erhalten hat, und stärkt ihre seelische Abwehrkraft für Enttäuschungen mit Mitmenschen, die normal und nicht therapeutisch-übersensibel reagieren.

WIEDERHOLEN VON ALTEN MUSTERN UND THEMEN

Es liegt in der menschlichen Natur, fortlaufend zu denken – nicht nur, wenn wir wach sind, sondern auch in der Verarbeitung des Tages im Traum. In unseren Gedanken beschäftigen wir uns ständig mit Vergangenheit, Gegenwart und Zukunft, mit unseren Beziehungen, unseren Plänen, Hoffnungen, Ängsten und Wünschen. Unsere Gedanken sind eng mit Gefühlen verbunden. Ereignisse, die mit starken Gefühlen einhergehen, werden in Gedanken viel häufiger und intensiver abgespielt, als Vorkommnisse ohne besondere Gefühlsbesetzung.

Gleichzeitig sind wir auch mit der Möglichkeit ausgestattet, überschießende Gefühle und kreisende Gedanken soweit zu dämpfen, dass sie uns nicht überwältigen. Gelänge uns das nicht, so käme es zu einer katastrophalen Überflutung des Bewusstseins, dem ein völliger Zusammenbruch folgen würde. Diese Schutzfilter sind auf der Ebene der Nervenzellen – sozusagen in der Hardware unseres Gehirns – angelegt, doch wir nehmen sie psychisch wahr als sogenannte »Abwehrmechanismen«.

Natürlich denken wir nicht immer »realistisch«. Viel eher gleichen unsere Gedanken an die Vergangenheit einem Film voller Videoclips, die in Farbe, Form und Sound verzerrte Abbildungen der Wirklichkeit sind, unvollständig und sehr persönlich zugeschnitten. Jedes Ereignis und jede Begegnung kann eine neue Serie von Erinnerungen auslösen und dem Strom des Bewusstseins eine neue Richtung geben.

Gerade Menschen, die schmerzliche Erfahrungen hinter sich haben und gefühlsmäßig nicht stabil sind, werden besonders intensiv erleben, wie sich alte Themen immer wieder aufdrängen, die Gedanken beherrschen und sich beim besten Willen nicht abschütteln lassen. So darf es nicht verwundern, wenn in der Therapie mit Borderlinepersönlichkeiten alte Gedanken- und Verhaltensmuster und seelische Verletzungen immer wieder in den geordneten Ablauf einbrechen und als »Störsender« zur Herausforderung an Therapeutin und Seelsorger werden. Man erlebt am eigenen Leib die destruktiven

Muster, die sich tief in die Seele der Betroffenen eingeprägt haben.

PROBLEMATISCHE ASPEKTE DER ALTEN MUSTER UND THEMEN

Wenn ein Borderline-Patient sich in eine therapeutische Beziehung einlässt, so geschieht dies nicht unvoreingenommen. Die traumatischen Erfahrungen mit Erwachsenen werden unwillkürlich dazu führen, dass er diese Verletzungen auf die Beziehung zum erwachsenen Therapeuten überträgt. Dadurch lassen sich viele abrupte und verletzende Reaktionsweisen besser verstehen, die man in der Therapie mit diesen Menschen erlebt. Die drei Begriffe »Ausagieren«, »Übertragung« und »Wiederholen von alten Themen und Mustern« sind drei Wege, schwierige Verhaltensweisen im Rahmen der Therapie zu beschreiben. Das Wort »Ausagieren« bezeichnet ein Verhalten, das den geordneten Gang einer Therapie störend unterbricht.

Ein Beispiel:

Über ein halbes Jahr haben Ärztin und Pflegeteam mit Frau S. Wege besprochen, wie sie sich aus ihrer unhaltbaren Wohnsituation lösen kann. Sie haben miteinander verschiedene therapeutische Wohngemeinschaften angeschaut und endlich einen Platz angeboten bekommen. Die Patientin geht in ein Vorstellungsgespräch, und das WG-Team wäre bereit, sie in vier Wochen aufzunehmen. Am Tag vor dem Eintritt stellt Frau S. auf der Waage fest, dass sie zwei Kilo über ihrem Idealgewicht liegt. Voll Panik will sie eine Diät beginnen und fragt in der WG nach, ob sie für sich selbst kochen könne, damit sie nicht zunehme. Doch das geht nicht, wenn man sich in eine Gemeinschaft eingeben will. Und nun sagt Frau S. einfach ab. Dahin wolle sie nicht gehen, sie fühle sich nicht ernst genommen, sie lasse sich nicht mästen, sie wolle nicht bevormundet werden etc. Und schließlich fügt sie sich mit einem Messer tiefe Wunden an den Armen und an der Brust zu. Die ganze Vorbereitungsarbeit des letzten halben Jahres ist im Eimer. Es ist verständlich, dass nun auch bei den Betreuern Unmut hochkommt, verbunden mit dem Gefühl »Mach doch, was du willst!«

Doch man kann das Ausagieren auch als Chance sehen, falsche, zerstörerische Muster aufzugreifen, miteinander zu besprechen und dem Betroffenen dazu zu verhelfen, sie durch ein besseres Muster zu ersetzen. In diesem Fall wurde die plötzliche Verweigerung der therapeutischen Wohngemeinschaft zum Anlass genommen, Ängste vor Verbindlichkeit und Nähe zu besprechen. Die Patientin war bereit, weiter in der therapeutischen Begleitung zu bleiben und konnte ein halbes Jahr später in ihre eigene Wohnung zurückkehren.

OPFER ODER GEWINNER?

Ein weiteres Thema, das sich in einer Therapie destruktiv auswirken kann, ist die Frage von Macht und Ohnmacht. Viele Borderline-Patientinnen haben am eigenen Leib erfahren, als hilfloses Opfer der Willkür anderer ausgeliefert zu sein. Gegenwehr wurde mit Drohungen und Strafen unterdrückt. Im Erwachsenenleben können sich daraus zwei Entwicklungen geben. Auf der einen Seite ist das Gefühl, ewig Opfer zu sein, das ausgenutzt, missbraucht oder vernachlässigt wird. Diese Reaktion nennt man das »Übernehmen der Opferrolle«. Häufig ist es mit dem Gedanken verbunden, man sei selbst schuld an dem, was einem angetan wurde. Eine Frau, die regelmäßig von ihrem alkoholisierten Ehemann geschlagen wird, erzählt: »Als ich 18 war, wollte ich einfach weg von meinen Eltern. Ich wollte frei sein, das Leben genießen. Ich ging mit Erwin auf eine Weltreise. Als dann ein Kind unterwegs war, heirateten wir. Erst allmählich merkte ich, dass ich vom Regen in die Traufe gekommen war. Jetzt büße ich eben für meine Fehler.«

Das Gegenteil dieser Opferrolle ist die Entschlossenheit, sich nicht mehr unterkriegen zu lassen. So wird für manche Borderline-Patienten die Frage der Macht oder der Kontrolle zum zentralen Thema. Als Kind waren sie immer unterlegen, hilflos ausgeliefert. Nun wappnen sie sich mit einer Waffenrüstung, die jedes Mal angelegt wird, wenn ihnen ein Thema in der Therapie zu nahe kommt. In der analytischen Fachsprache nennt man dies auch »Identifikation mit dem Aggressor«. Diese Machtausübung kann sehr subtil sein oder aber fast erpresserisch.

Zwei Beispiele: Die Therapeutin versucht zu Beginn der Stunde ein Thema aufzugreifen, das letztes Mal noch nicht abgeschlossen werden konnte und von dem sie den Eindruck hatte, dass hier etwas lag, was die Patientin beschäftigte. Doch die Patientin sagt: »Nein, ich möchte heute etwas anderes besprechen. Ich möchte wissen, was Sie dazu meinen, wenn ich mit meinem Arbeitskollegen ausgehen würde.« Ein weiterer Versuch, nochmals auf das Thema zu kommen, wird von der Patientin mit den Worten kommentiert: »Sie wollen doch nur Macht über mich ausüben, aber das lasse ich mir nicht mehr gefallen. Heute gewinne ich!« – Es mag sein, dass es wirklich wichtiger war, in diesem Moment die aktuellen Probleme anzusprechen. Aber später bekannte die Patientin, dass sie derart Angst hatte, nochmals auf das von der

Therapeutin angeschnittene Thema zu kommen, dass sie es um jeden Preis vermeiden wollte.

Beispiel 2 betrifft eine 31-jährige Frau, die in Zeiten innerer Spannung größere Mengen von Beruhigungsmitteln schluckt. Immer wieder versucht sie, ihrem Arzt ein zusätzliches Rezept abzuringen. Als es ihm zuviel wird, versucht er sich ihren Wünschen entgegenzustellen. »Ich bin bereit, sie regelmäßig zu sehen und Sie in der Bewältigung ihrer Schwierigkeiten zu unterstützen. Ich bin auch bereit, Ihnen etwas anderes zur Beruhigung zu geben, aber ich kann es nicht mehr verantworten, Ihnen schon wieder eine ganze Packung Lexotanil zu verschreiben!« Darauf die Patientin: »Sie nehmen mich also nicht mehr ernst. Warum haben Sie mir denn bis jetzt soviel verschrieben? Sie wissen, ich könnte Sie anzeigen, wenn ich wollte!« Als der Arzt festbleibt, droht sie mit Selbstmord und sagt schließlich: »Ich werde kriegen, was ich will. Am Schluss gewinne ich!« In der Tat war es ihr ein Leichtes, bei verschiedenen Apotheken der Umgebung mehr Beruhigungsmittel zu beschaffen, als sie zuvor vom Arzt auf Rezept verlangt hatte, ein »Sieg«, den sie dem Arzt bei der nächsten Konsultation genüsslich unter die Nase rieb. Es ist aber verständlich, dass der Arzt unter diesen Umständen versuchte, die Therapie abzugeben, weil er nicht mehr gewillt war, diesen ständigen Machtkampf noch länger auszufechten.

AUFARBEITEN DER ALTEN MUSTER UND THEMEN (FELD 3)

Wie kann man den Betroffenen nun helfen, mit diesen alten Themen, Mustern und Verletzungen umzugehen? An erster Stelle steht sicher die Offenheit, dass die Betroffenen ihre Verletzungen einmal herauslassen dürfen, ihre Klage ausschütten wie einen Korb voll Unrat. Es können dramatische Stunden sein, von stammelnden Worten mit langen Pausen bis hin zu verzweifeltem Schluchzen, von hasserfüllter Anklage gegen all das, was ihnen angetan wurde, bis hin zu vernichtender Selbstbezichtigung. Allein schon die Tatsache, dass Patienten über ihre Nöte reden können, über ihre Beziehungen, aber auch über neue Impulse, sich weh zu tun, allein dies ist schon therapeutisch.

Immer wieder wird dann die Beziehung zum Therapeuten überprüft. Ist er oder sie nicht wie alle Erwachsenen, die mich als Kind im Stich gelassen haben? Kann ich überhaupt vertrauen? Diese Frage wird immer wieder überprüft. Ich denke an eine Patientin, die mich bei ihren Schilderungen der schrecklichen Misshandlungen in ihrer Kindheit immer wieder fragte: »Glauben Sie mir das überhaupt? Oder finden Sie auch, ich sei eine dreckige kleine Lügnerin?«

Eine weitere wichtige Funktion des Gesprächs ist das »Kognitive Neuverpacken«. Was versteht man darunter? Die Betroffenen sind ja oft derart intensiv in das Wiedererleben ihrer Traumata verwickelt, dass sie gar keine Distanz mehr dazu haben. Die Angst lähmt sie völlig. Wenn ihnen die Gedanken entgleiten, sei es durch Dissoziation, durch Panikattacken oder durch ein plötzliches Bild der schlagenden Mutter, so fürchten sie oft, dass sie nun völlig »durchdrehen«. Doch man kann dieses Erleben auch anders deuten, nicht als Zerfall, sondern als »Nachbeben«. So ist es hilfreich für sie zu wissen, dass es normal ist, dass solche Phänomene nach schweren Traumatisierungen auftreten. Es sind Symptome einer seelischen Überreizung, die aber wieder nachlassen werden. Oft gelingt es den Betroffenen dann besser, mit den beängstigenden Gefühlen umzugehen, weil sie sie gedanklich neu verpacken: Sie sind nicht Vorboten eines völligen Zusammenbruchs, sondern Restsymptome, die wieder nachlassen.

Diese Neubewertung von angsterzeugenden Gefühlen und Bildern muss manchmal auch bei christlichen Fehldeutungen erfolgen. Oft werden Angstgefühle und Albträume als dämonische Belästigung erlebt. »Es ist als säße mir der Leibhaftige auf der Brust, als würde mir eine Schlange den Hals zudrücken!« – so schilderte mir eine Patientin ihre nächtlichen Albträume. Im Gespräch wurde zunehmend deutlich, dass sie unter den Symptomen einer angstbesetzten Depression litt. Unter der Behandlung mit Medikamenten und regelmäßigen Gesprächen fühlte sie sich allmählich besser. Die Körpersymptome und die panischen Gefühle konnte sie nun als Teil der psychosomatischen Reaktion ihres Körpers einordnen. Im Vordergrund stand nun nicht mehr die vermeintliche dämonische Belästigung, sondern das Wissen um die Gegenwart Jesu in ihrem Alltag und in der Bewältigung ihrer Vergangenheit.

Borderlinepatienten haben so oft erlebt, dass Grenzen nicht eingehalten wurden. Ihre Privatsphäre wurde verletzt, ihre Gefühle wurden nicht respektiert, ja sie wurden auch körperlich und sexuell so misshandelt, dass sie sich nirgends mehr sicher fühlen konnten. Wesentlich ist für diese Menschen deshalb die Erfahrung, dass der Therapeut in einer guten Weise angemessene Grenzen einhält. Dabei geht es nicht nur um die oben erwähnten Grenzen der Bedürfniserfüllung, um sexuelle Grenzen und Abgrenzungen des Settings. Es geht auch um die Erfahrung, dass Therapeutin und Seelsorger die Person ernst nehmen, sie nicht wie ein Kind behandeln, ihr Verantwortung geben, nicht Entscheidungen über ihren Kopf hinweg treffen und sich davor hüten, in ihre Privatsphäre einzudringen.

Ein ganz wesentliches Therapieziel ist die Frage: »Wer oder was kontrolliert eigentlich mein Befinden, mein Handeln, mein Erleben? Gibt es Wege, wie ich mein Empfinden und Handeln selbst beeinflussen kann, oder bin ich einfach von außen bestimmt?« Ein gesunder Mensch hat eine »innere Kontrollüberzeugung«, das heißt, er erlebt sich als Handelnder und Denkender, der zwar von außen angegriffen wird, aber innere Wege finden wird, damit umzugehen. Borderline-Persönlichkeiten haben aber als Kind so häufig erlebt, dass sie hilflos der Willkür eines perversen Lüstlings oder einer überforderten Mutter ausgesetzt waren. Diese Ohnmachtserfahrungen der Kindheit werden zum pessimistischen Lebensmotto, das auch die Vorgänge in der therapeutischen Begleitung überschattet: »Ihr macht ja doch mit mir, was ihr wollt!« oder auch: »Es kommt einfach über mich. Ich kann nichts ändern« (äußere Kontrollüberzeugung).

Es werden sich immer wieder Diskussionen entspannen, die hin- und herschwanken zwischen dem Aufbäumen gegen eine Fremdbestimmung und dem Provozieren von Situationen, wo sich der Therapeut oder die Seelsorgerin genötigt fühlt, zu handeln, weil sonst Beziehungen zerbrechen, Gelegenheiten ungenutzt bleiben oder eine Wohnung gefährdet wird. Wenn irgend möglich, wird die betreuende Person zu vermeiden trachten, sich in eine Elternrolle drängen zu lassen, die neue Erfahrungen der äußeren Kontrolle verfestigen. Es werden sich im Verlauf der Gespräche viele Gelegenheiten bieten, mit der ratsuchenden Person die alten Muster aufzunehmen und hinzuarbeiten auf neue, reifere Formen der Lebensbewältigung.

Hilfreich zur Standortbestimmung kann auch die Abbildung 3-1 sein, die die verschiedenen Pole der Persönlichkeit zeigt. Wo steht die Person in ihrem persönlichen Leben, in ihrer Arbeit, in ihren Beziehungen, in ihren Einstellungen. Wie wirken sich diese Einstellungen aus? Was möchte ich ändern?

ZUSAMMENFASSUNG: DIE AUFGABE DES THERAPEUTEN

- Dem Patienten Bestätigung für seinen tiefen persönlichen Wert als Person geben und ihm/ihr erlauben, in gesunder Weise zu wachsen. Dies bedeutet, dass der Therapeut in der Therapie spürbar bleibt ohne allzu große Regression und ohne verführerische Ausbeutung zu erlauben, die die therapeutische Arbeit unterminieren würde.

- Die alten Muster herausarbeiten.

- Dem Patienten die alten Muster zeigen, ihn konfrontieren, ihm erkennen helfen, welche Auswirkungen diese Muster und die einschießenden Bewusstseinsströme auf sein Leben haben.

- (Fallweise) herleiten der alten Muster aus Kindheitsverletzungen, negativen Erfahrungen und Reaktionen. Nicht immer ist es möglich, eine klare Ursache für die Verhaltensmuster in der Gegenwart zu finden. Nicht immer ist es gut für den Betroffenen, sich intensiv mit den alten Traumata zu beschäftigen.

- Mit dem Patienten in der Therapie ringen und den Versuchen des Patienten widerstehen, ihn zur Quelle von unvernünftiger Zuwendung und zum Teilnehmer im Ausagieren von alten Themen zu machen.

Diese Grundprinzipien sind wesentliche Leitlinien für eine gute ambulante Therapie und Seelsorge bei Borderlinestörungen. Doch es gibt schwere Krisen, die ein anderes Vorgehen erfordern. Davon soll im nächsten Kapitel die Rede sein.

8 Therapeutische Strategien bei schweren Krisen

Manchmal führt die Achterbahn des Borderline-Erlebens in eine totale Entgleisung der Gefühle, die nicht mehr durch ambulante Gespräche aufgefangen werden kann. Dann ist Krisenmanagement angesagt. Oft ist ein Klinikaufenthalt unumgänglich. Das folgende Beispiel soll einen Einstieg in die Thematik geben:

Katja F., eine 23-jährige Erzieherin, hat eine intensive Beziehung zu ihrer 35-jährigen Vorgesetzten. Seit zwei Jahren leben sie gemeinsam in einer Wohnung. Katja fühlt sich einerseits geborgen, aber sie hat zunehmend Mühe damit, daß ihre Freundin eine neue Stelle als Leiterin eines Altersheims angenommen hat und oft abwesend ist. Immer stärker steigt die Angst auf, von ihrer Freundin verlassen zu werden. Und immer stärker versucht sie diese an sich zu binden. Doch die Freundin fühlt sich durch die Verlassenheitsängste und das besitzergreifende Anklammern von Katja noch mehr eingeschränkt. Sie möchte die Wohngemeinschaft aufgeben und wieder vermehrten Freiraum. Katja versucht alles, sie an sich zu binden:

Bitten, Versprechungen, verzweifelte Gefühlsausbrüche, nächtelange Gespräche, versteckte Drohungen. Sie fühlt sich so schlecht, daß sie sich bei der Arbeit krank meldet. Schließlich fängt sie an, sich zu schneiden: tiefe Schnittwunden am Bauch und an den Armen. Alle sollen sehen, daß es ihr nicht gut geht. Mehrfach muss sie notfallmäßig ins Krankenhaus, um die Verletzungen versorgen zu lassen. Als sie dann auch noch Säure schluckt, wird Katja nach der Notfallversorgung in eine Klinik eingewiesen. Hier zeigt sie alle Symptome einer schweren Depression: Sie fühlt sich leer, verzweifelt und hoffnungslos; sie wertet sich ab, macht sich Vorwürfe für ihr Verhalten und neigt dazu, sich selbst zu bestrafen, indem sie sich mit einer Schere erneut häßliche Schnitte zufügt. Alle ihre Gedanken kreisen um die Beziehung zu ihrer Freundin. Sie ist hin- und hergerissen zwischen Haß und verzehrender Sehnsucht nach ihr. »Ohne sie kann ich nicht mehr leben.« Erst allmählich kann sie sich von ihr lösen und Perspektiven entwickeln, ein selbständiges Leben zu führen.

WANN IST EIN KLINIKAUFENTHALT NÖTIG?

Die Situation von Katja zeigte mehrere Merkmale, die schließlich zu einer Klinikeinweisung führen können: bevorstehende Trennung von einer wichtigen Bezugsperson, Arbeitsunfähigkeit, Überforderung der Betreuer, Selbstverletzung und schließlich Suizidalität. Eine Studie in Bonn hat genauer untersucht, was zur Einweisung von Borderlinepatienten in eine Klinik führte und welche Behandlungsstrategien angewendet wurden. Die folgenden Tabellen fassen die Befunde von 39 Patienten zusammen. Da Mehrfachnennungen möglich waren, ergibt sich nicht immer die Summe von 39. Unmittelbarer Anlaß: für die Hospitalisation waren in 32 Fällen Suizidalität oder ein Suizidversuch, in drei Fällen psychotische Phänomene, in vier Fällen andere Gründe. Die Situation, die zur Einweisung führte, wird in Tabelle 8-1 zusammengefaßt.

Tabelle 8-1: Einweisungssituation bei 39 Patienten (nach Pfitzer 1994)

Soziale Trennungserlebnisse innerhalb der letzten 6 Monate	12
Trennung befürchtet	8
Nicht zu bewältigender sozialer Konflikt	16
Krise durch Isolation / Einsamkeit	11
Überwältigende Angst	7
Depression	10
Unerträgliches Leeregefühl	2

Es wird deutlich, daß wesentliche Auslöser für eine Suizidalität klassische Beziehungsprobleme sind, an denen Borderline-Patienten besonders leiden: intensive, aber instabile Beziehungen, die zu Konflikten führen, sowie Trennungen und befürchtete Trennungen. Vielfach sind Borderline-Patienten nicht in der Lage, konstruktiv mit solchen Erfahrungen umzugehen, sondern sie verfallen in tiefe Angst, Depression und Einsamkeit, aus der es keinen Ausweg mehr zu geben scheint. So bleibt schließlich kein anderer Weg, sie zu schützen, als sie in die Klinik einzuweisen. Immerhin konnten mehr als die Hälfte der untersuchten Patienten das Angebot freiwillig annehmen, nur 14 mußten vorübergehend gegen ihren Willen hospitalisiert werden.

Aufgabe des therapeutischen Teams in einer Klinik ist es, diesen instabilen und verletzten Menschen einen Rahmen anzubieten, der ihnen ermöglicht neue Perspektiven für die Zukunft zu entwickeln. Das ist nicht immer einfach, zumal Borderline-Patienten dazu neigen, erhebliche Unruhe auf eine Station zu bringen.

Tabelle 8-2 zeigt die Hauptprobleme der stationären Behandlung. Im Verlauf dieses Buches wurde schon mehrmals das Phänomen der Spaltung angesprochen. Oft gelingt es den Patienten, ein Team in zwei Lager zu spalten. Ein Beispiel: Frau Annette F. beklagt sich beim Arzt darüber, daß sie so schlecht schlafen könne. Die Mittel würden einfach nicht genügend wirken. Der Arzt verordnet deshalb ein zusätzliches Schlafmittel, nicht zuletzt aus der Erfahrung, daß anhaltende Schlaflosigkeit eine Suizidgefährdung noch erhöht. Als die Nachtschwester ihr am Abend das Medikament geben will, verweigert sie das Mittel mit der Bemerkung, man wolle sie nur in eine chemische Zwangsjacke stecken, aber um ihre wahren Nöte kümmere sich ja keiner. Wenn die Nachtschwester ihr aber die Möglichkeit gebe mit ihr zu reden, werde es ihr bald besser gehen.

Es entspannt sich ein dreistündiges Gespräch. Annette erzählt von ihrer tragischen Jugend, von einer Vergewaltigung, vom Tod ihres Vaters und verpflichtet die Nachtschwester zur Verschwiegenheit gegenüber den andern Teammitgliedern. Jedesmal, wenn die Nachtschwester nach den andern Patienten schauen geht, fleht die Patientin sie an, unbedingt wiederzukommen. Die Nachtschwester ist so absorbiert, daß sie die Vorbereitungsarbeiten für den Tag nicht schafft. Am nächsten Morgen ist sie zwar emotional erschöpft, aber auch der Überzeugung, daß Annette durch mehr Gespräche geholfen werden könnte.

Dem Tagesteam sagt sie: »Ich glaube wirklich, ihr wollt sie nur chemisch ruhigstellen. Ihr solltet ihr mehr Gespräche anbieten! Sagt das ruhig auch dem Arzt! Und sicher habt ihr Verständnis, daß ich diese Nacht keine Zeit für die üblichen Arbeiten hatte!« – Ich möchte es der Phantasie des Lesers überlassen, wie das Tagesteam auf solche Vorwürfe reagierte. Abgesehen davon, daß ein solches Überengagement langfristig zur Erschöpfung führt, ist auch zu bedenken, wie die Patientin reagieren wird, wenn eine andere Person auf Nachtwache kommt, die ihre Ansprüche nicht in der gleichen Weise erfüllt.

Tabelle 8-2: Hauptprobleme der stationären Behandlung bei 39 Patienten

Spaltungsmechanismen	18
Rückzugsneigungen	17
Kampf um »Rahmen«	13
Anhaltende Suizidalität	13
Fehlender sozialer Rahmen	12
Depression	10
Suchtaspekt	10
Zurückgezogenheit, Kontaktarmut	5
Impulsdurchbrüche, Aggressivität	5

Vielleicht bedarf auch der Begriff »Kampf um den Rahmen« einer Erläuterung: Auf einer Klinikabteilung (und auch in einer therapeutischen Wohngemeinschaft) braucht es einen gewissen Tagesablauf. Dieser wird durch die Mahlzeiten und gemeinsame Aktivitäten vorgegeben. Dazu kommen noch Angebote, die sich nach den Bedürfnissen der einzelnen Patienten richten. Beliebte Aufhänger für den »Kampf um den Rahmen« sind die Teilnahme am gemeinsamen Essen, an der Gesprächsrunde oder an der Ergotherapie, sowie die Frage des Ausgangs.

Oft werden Forderungen nach Ausnahmebewilligungen mit kämpferischem, abwertendem oder leidendem Unterton vorgebrachte, die beim Gegenüber entweder Abwehr oder Schuldgefühle wecken können. »Ich will im Zimmer essen. Niemand soll mir beim Essen zusehen. Ich bin viel zu fett und ich schäme mich so wegen der Schnitte an meinem Arm!« – »Ich will heute freien Ausgang. Ich lasse mich nicht dauernd einsperren, nur weil ich manchmal am liebsten sterben möchte! Ich verspreche, daß ich nicht in die Nähe der Bahnschienen gehe.« – »An der Ergotherapie nehme ich nicht teil, dieses Basteln ist mir zu blöd. Gibt es nichts Anspruchsvolleres bei Euch?« – Selbst wenn man ein gewisses Verständnis für die Wünsche der Betroffenen hat, bedarf es oft langer Gespräche, ihnen klar zu machen, daß Regeln nötig sind und letztlich auch dazu dienen, sich mit unangenehmen Seiten des Lebens auseinanderzusetzen, Verantwortung zu übernehmen und Gemeinschaft einzuüben.

Manchmal muss man die Patienten auch daran erinnern, daß es ja Gründe gibt, warum sie im Moment das Leben nicht mehr ohne die Hilfe der Klinik bewältigen können. Sobald sie ihre Stabilität zurückgewonnen haben, steht es ihnen frei, das Leben wieder selbst zu gestalten.

HAUPTTHEMEN DER BEHANDLUNG IN DER KLINIK

Die Behandlungsstrategien in der Klinik können in drei große Bereiche eingeteilt werden, die sich gegenseitig überlappen und ergänzen:

1. Psychotherapeutischer Schwerpunkt
2. Sozialer Schwerpunkt
3. Psychiatrischer Schwerpunkt.

Ziel des psychotherapeutischen Schwerpunktes ist es, die Voraussetzungen zu schaffen, daß eine Person wieder in der Lage ist, ihre Schwierigkeiten ohne ständige Suizidalität anzugehen. Die Klinik kann dazu nur Vorbereitungsarbeit leisten, aber keine eigentliche Psychotherapie anbieten. Wohl gibt es Einzelgespräche, aber viele psychotherapeutische Puzzle-Teile werden auch im Rahmen eines Gruppengesprächs oder im Verlauf einer Maltherapie beigesteuert. Psychotherapie im stationären Rahmen nimmt oft Bezug auf die aktuellen Probleme und Konflikte. An erster Stelle der Behandlungsschwerpunkte in der Klinik (vgl. Tabelle 10-3) steht deshalb die Konfrontation mit Spaltungen und Widersprüchen. Gerade diese Spannungen sind es ja, die Beziehungen zerbrechen lassen und damit zu neuen Schwierigkeiten führen. Allzu oft konzentrieren sich Borderlinepatienten nur auf ihre inneren Gefühle und Bedürfnisse, und vergessen völlig, daß sie mit ihrer übermäßigen Sensibilität und Kränkbarkeit ihre Partner und Betreuer völlig überfordern. So ist oft der Klinikaufenthalt eine Art »Nachreifungsprozeß«, der bei aller Einfühlung auch schmerzliche Konfrontation mit unangepaßtem Verhalten und überzogenen Ansprüchen enthält. Wesentlich für diesen Lernprozeß können auch Paargespräche sein. Sie haben zum Ziel, das gegenseitige Verständnis zu fördern und zu klären, unter welchen Voraussetzungen allenfalls ein Zusammenleben wieder möglich ist.

Tabelle 8-3: Hauptakzente der Behandlungsstrategien

Konfrontation mit Spaltungen und Widersprüchen	17
Paargespräche	9
»Trauerarbeit«	9
Klärung und Hilfe bei sozialen Problemen	15
Setzen eines zeitlichen Rahmens	6
Klärung der Beziehungen zw. aktuellen Konflikten und psychot. Symptomen	6
Herstellen eines empathischen Kontaktes (bei sehr mißtrauischen Pat)	4
Medikamentöse Behandlung (v.a. der Depression)	10

Nicht zu unterschätzen ist die praktische Hilfe bei sozialen Problemen. Gerade bei Borderline-Patienten besteht eine Vielzahl von Konflikten mit Arbeitgebern, Vermietern und Behörden, die sie nicht mehr überblicken. Aufgabe des Sozialarbeiters oder der Bezugsperson ist es dann, die anstehenden Probleme zu sichten, Gespräche zu führen und um Verständnis für die schwierige Lage der Betroffenen zu werben.

Meist sind auch diese Bezugspersonen hin- und hergerissen zwischen Mitgefühl und der Unmöglichkeit, mit der Betroffenen zu einer tragfähigen Vereinbarung zu kommen. Sie sind deshalb sehr dankbar, wenn eine Sozialarbeiterin vermittelt und neue Grundlagen für einen weiteren Weg legt. Ziel muss es jedoch sein, die Eigeninitiative und Eigenverantwortlichkeit des Patienten zu fördern. Das geht oft nicht ohne Frustrationen für die Betreuer ab und fordert Geduld und Beharrlichkeit.

Beispiel: Über zwei Wochen hat sich der Sozialarbeiter unserer Klinik bemüht, einer Patientin ein Konzept für die Schuldensanierung zu erarbeiten. Alles wäre nun bereit, die Formulare, die Briefe an Kreditgeber; mit dem Betreibungsamt wurde telefoniert; jetzt müßte die Patientin nur noch einmal persönlich aufs Amt gehen, um dort eine Unterschrift abzugeben. Doch auf dem Weg in die Stadt wird sie derart von Panik erfüllt, daß sie in ein Lokal geht, Alkohol trinkt und den Termin auf dem Amt verpaßt. Auf dem Heimweg schämt sie sich derart, daß sie wartet bis es dunkel ist. Sie schleicht sich auf die Abteilung und fügt sich dort noch mehrere Schnitte am Unterarm zu. – Vielleicht wäre es hilfreich gewesen, daß sie von einer Freundin begleitet worden wäre, um diesen Ausgang zu vermeiden.

So steht man oft in der Spannung zwischen dem Anliegen der Selbstständigkeit und der Bewahrung einer Patientin. Dennoch: Es brauchte einen weiteren Anlauf, bis die Patientin es wagte, zu den Behörden zu gehen. Neben der Sanierung der Finanzen ist es manchmal auch notwendig, Schritte für eine berufliche Eingliederung in die Wege zu leiten. Hier liegt also ein wesentlicher Schwerpunkt zur Neuordnung. Die Entlastung von den äußeren Bedrohungen eines sozialen Absturzes schafft neue Hoffnung und hat oft auch positive Auswirkungen auf die depressive Verstimmung.

Es wäre aber verfehlt, die Depression bei Borderline-Patienten nur als Reaktion auf Trennungen und Kränkungen zu sehen. So anstrengend der Umgang mit Spaltungstendenzen ist, so darf man nicht die tiefe Depressivität unterschätzen, die Borderline-Patienten ihr Leben erschwert. Mit Recht stellen die Autoren der Bonner Studie fest : »Unserer Einschätzung nach wird in der Literatur bei der Behandlung von Borderlinepatienten die Bedeutung der Spaltungsmechanismen eher überschätzt, die Häufigkeit und der Schweregrad depressiver Syndrome jedoch eher unterschätzt.«

Der psychiatrische Schwerpunkt verbindet ärztliches Fachwissen in Diagnostik und Therapie mit einer umfassenden Therapieplanung und Koordination des Klinikaufenthaltes. Bezüglich der Diagnostik ist darauf zu achten, daß es neben der häufigen Depression manchmal auch psychotische Zustandsbilder gibt, die einer adäquaten Behandlung bedürfen. Eine genauere Analyse der Entstehung der Krise zeigt oft einen Zusammenhang zwischen den psychischen Belastungen und dem Auftreten von psychotischen Entfremdungsgefühlen.

Wenn man dies den Patienten aufzeigen kann, vermindert man damit die Angst vor solchen uneinfühlbaren Empfindungen. Eine Patientin berichtet: »Wenn ich unter Streß stehe, dann sehe ich alles wie durch Zellophan. Ich kriege dann wahnsinnige Angst und habe einmal schon eine Fensterscheibe eingeschlagen, um wieder klar zu sehen. Ich weiß jetzt, daß das ein Zeichen ist, daß wieder alles zuviel ist. Ich muss dann bewusst Ruhepausen einschalten und etwas mehr Haldol nehmen. Dann geht es wieder vorbei, ohne daß ich in eine Krise gerate.«

Damit ist auch umschrieben, wo der ärztliche Behandlungsansatz liegt, der manchmal auch als Clinical Management bezeichnet wird. Der Arzt geht pragmatisch vor, um die Symptome zu lindern und damit weitere Schritte zu ermöglichen. Ein wesentlicher Bestandteil der ärztlichen Behandlung ist auch die Abgabe von Medikamenten zur Beruhigung und Aufhellung.

WAS BRINGEN MEDIKAMENTE?

Das Medikament gegen Borderline-Störungen gibt es nicht. Insbesondere gibt es kein Medikament, das die Instabilität der Persönlichkeit völlig beseitigen würde. Oftmals sprechen Patienten mit einem Borderline-Syndrom auch nicht oder nur ungenügend auf Medikamente an. Dennoch können Medikamente gerade in Krisensituationen sehr hilfreich sein, um den Betroffenen das Leiden zu erleichtern, die Depression zu mildern, psychotische Symptome zu dämpfen und einen neuen Schlafrhythmus zu ermöglichen. Somit müssen

Tabelle 8-4: Hauptakzente der Behandlungsstrategien

Zielsymptomatik	biochemisches Korrelat	Medikamente
a) affektive Instabilität: Depression, Stimmungswechsel	Noradrenalin / Serotonin	Antidepressiva
b) vorübergehende psychotische Phänomene	Dopamin	Neruoleptika
c) impulsives, aggressives Verhalten Serotonin	Serotonin	Serotonin-Wiederaufnahme-Hemmer
d) akute Erregung, Angst, Suizidalität und Schlafstörungen	GABA	Tranquilizer (nur punktuell unter Berücksichtigung der Suchtgefahr)

Medikamente auf die Bedürfnisse der Einzelperson abgestimmt werden, ohne daß ein Schema vorgegeben werden kann. Ganz grob kann man aber die Zielsymptomatik bei Borderline-Patienten in vier Bereiche unterteilen

Wie unterschiedlich die Bedürfnisse sein können, wiederspiegelt auch die Liste der Medikamente, die in der Bonner Studie verabreicht wurden: 15 Patienten erhielten Antidepressiva, 8 brauchten hochpotente Neuroleptika, 14 erhielten niederpotente Neuroleptika, in 4 Fällen wurden Tranquilizer gegeben, in einem Fall ein Beta-Rezeptorenblocker. 10 Patienten erhielten schließlich keine Medikamente.

THERAPIEPLANUNG UND ERFOLGSBEWERTUNG

Eine weitere wesentliche Aufgabe des Arztes auf der Station ist die Koordination der sozialen, therapeutischen und medizinischen Maßnahmen. Dazu gehört auch das Festsetzen eines zeitlichen Rahmens. In der erwähnten Bonner Studie lag die Aufenthaltsdauer zwischen 1 und 375 Tagen. Wie lange ist es notwendig, eine Patientin in der Klinik zu behalten? Wann ist es möglich, sie wieder in ihre alte Umgebung zu entlassen? Welche Veränderungen können dazu beitragen, daß es »draußen« wieder geht? Diese Fragen werden im Team besprochen und unter Gewichtung der unterschiedlichen Standpunkte in einen Therapieplan gefaßt, der natürlich auch ständig mit der Patientin abgesprochen und stufenweise in die Tat umgesetzt wird.

Zur Beurteilung des Erfolgs können nochmals die obigen drei Schwerpunkte herangezogen werden. Im psychotherapeutischen Bereich ist ein Fortschritt dann zu sehen, wenn die Patientin oder der Patient wieder mehr Einsichtsfähigkeit in seine Konflikte hat, und vermehrte Spannungen ohne abrupte Kurzschlußreaktionen aushält. Damit sind auch die Voraussetzungen für die Fortführung einer ambulanten Therapie bzw. Seelsorgebegleitung gegeben. Erfolg im sozialen Bereich sind das Entwickeln neuer beruflicher Perspektiven sowie zumindest die ansatzweise Lösung sozialer Konflikte, z.B. mit Vermietern, Behörden etc. Aus ärztlicher Sicht ist es als Zeichen eines therapeutischen Erfolges zu werten, wenn die Suizidgefahr schwindet, Angst und Depression ihre beherrschende Kraft verlieren und sich die Betroffenen wieder aus ihrer Isolation herauswagen.

VOM UMGANG MIT WIEDERHOLTEN SELBSTMORDDROHUNGEN

Ein besonders schwerwiegendes Problem ist die Suizidalität. Wie ernsthaft ist sie einzuschätzen? Wo ist die Grenze zur Klinikeinweisung? Wo muss man sich persönlich therapeutisch einsetzen, um eine Suizidalität zu mindern? Diese Fragen sind außerordentlich schwer zu beantworten und bedürfen jeweils im Einzelfall einer Klärung. Dabei sei jedem Therapeuten und Seelsorger empfohlen, mit einem Arzt zusammenzuarbeiten, der dann auch die Verantwortung vor dem Gesetz übernehmen kann.

Viele Borderlinepatienten haben gelernt, daß das Reden von Selbstmord viel in Bewegung bringen kann. Sie können in der Therapiestunde noch stabil erscheinen, doch drei Tage später kommt es durch einen Konflikt zum Gefühl der absoluten Leere und Sinnlosigkeit. So ernsthaft dieses Gefühl sein kann, so kann es eben doch auch eingesetzt werden, um beispielsweise dem Arbeitgeber zu vermitteln: »Sie treiben mich in den Selbstmord, wenn sie meinen Wünschen nicht entgegenkommen.«

Wer diese Dynamik nicht durchschaut, macht dem Therapeuten vielleicht noch Vorwürfe: »Ja, haben Sie das denn nicht gemerkt? Diese Frau braucht doch Hilfe! Hätte ich um ihre Schwierigkeiten gewußt, so hätten wir sicher andere Wege gefunden!« Für den Therapeuten ist es dann schwer, sich zu rechtfertigen. Da ist zuerst einmal das Problem der Vorhersehbarkeit: Eine Stunde pro Woche soll aussagen, wie die Patientin sich die übrigen 167 Stunden verhalten wird.

Mehr noch: Der Therapeut oder die Seelsorgerin begleitet die Patientin schon 2 Jahre lang. Sie kennt ihre Instabilität und hat immer wieder erlebt, daß sie sich wieder auffängt. Und ganz nebenbei: Die Patientin hat ihr ausdrücklich verboten, mit dem Chef zu reden.

Eine Studie untersuchte die Möglichkeit, einen Suizid bei psychisch kranken Menschen vorauszusagen. Es zeigte sich, daß es keinen einzigen zuverlässigen Risikofaktor gab, der eine solche Voraussage ermöglicht hätte. Selbst ein vorausgegangener Suizidversuch sagt nichts Verläßliches über das neue Risiko aus. Oft schießen gerade bei instabilen Menschen solche Gedanken plötzlich ein, vielleicht bei einer Enttäuschung oder einem Konflikt. Dabei besteht immer die Gefahr, daß ein Suizidversuch, der eigentlich ein Appell sein sollte, mißlingt und zum Tode führt. Andererseits zeigt die Erfahrung, daß Patienten mit einer Neigung zu Selbstverletzungen sich eher nicht suizidieren werden.

In kurzen suizidalen Krisen kann es richtig sein, einer Person die vermehrte Möglichkeit zum Anrufen zu geben. Gerade bei depressiven Menschen ohne eine Borderlinestörung kann dies eine wichtige Hilfe sein. Wer aber über längere Zeit auf jede Androhung eines Suizids so reagiert, als würde dieser demnächst passieren (täglich anrufen etc.), der kann auch Abhängigkeiten erzeugen. Manche Borderlinepatienten werden dadurch ermutigt, die plötzlich gewonnene Nähe zum Therapeuten weiterhin auszunützen, weil sie weiß, daß sie auf das Stichwort »Ich will nicht mehr leben« das erhält, was sie eigentlich will, nämlich die intensive Zuwendung des Therapeuten. Damit sollen Suiziddrohungen nicht auf die leichte Schulter genommen werden. Manchmal ist auch eine Einweisung in eine geschlossene Klinik notwendig, um zu zeigen, daß man es ernst meint, und das Spiel nicht mitspielt Man kann nicht an der Frage der Lebensbewältigung arbeiten, wenn man ständig damit beschäftigt ist, einen drohenden Suizid abzuwenden. – In dieser Situation ist es hilfreich, wenn die Seelsorgerin oder der psychologische Therapeut einen Arzt (allenfalls den Notfall-Psychiater) hinzuziehen: So kann man die Verantwortung teilen und sich gleichzeitig gegenüber Rechtsansprüchen bzgl. unterlassener Hilfeleistung absichern.

Tabelle 8-5: Umgang mit Selbstverletzung

A. Beziehung aufbauen und erhalten

1. Verständnis zeigen
2. Ruhig bleiben
3. Umdeutung (Reframing) der Selbstverletzung als Ausdruck von Gefühlen
4. Vermeiden von Drohungen und Versprechungen
5. Grenzen setzen und einhalten
6. Der Patientin die Verantwortung belassen
7. In der therapeutischen Beziehung bleiben

B. Die Gewohnheit durchbrechen

1. Mit den »Entzugssymptomen« umgehen (z.B. Klavierspielen statt Schneiden)
2. Die Entschlossenheit zur Veränderung verstärken

C. Veränderungen aufrechterhalten

1. Belohnung für neues Verhalten
2. Allmähliche Verminderung der Medikation
3. Lösen von emotionalen Konflikten
4. Umgang mit Manipulation
5. Trainieren von Nähe und Distanz ohne Selbstverletzung

THERAPEUTISCHE ÜBERLEGUNGEN BEI SELBSTVERLETZUNG

Ein weiteres schweres Problem können Selbstverletzungen sein, über die bereits in Kapitel 3 ausführlich berichtet wurde. Die folgenden Stichworte sind einem Artikel entnommen, der sich spezifisch mit therapeutischen Vorgehensweisen bei Selbstverletzung beschäftigte.

GRUPPENTHERAPIE BEI BORDERLINEPATIENTEN

Wenn es schon anspruchsvoll ist, mit einzelnen Borderlinepatienten zu arbeiten, wie kann man dann erst mit einer Gruppe von derart instabilen Menschen arbeiten? Diese Frage hat uns damals in der Klinik »Sonnenhalde« auch lange bewegt. Und doch – könnten die Patientinnen nicht auch voneinander lernen? Könnten sie nicht am Erleben der anderen auch etwas übernehmen für ihre eigene Problembewältigung? Diese Überlegungen führten schließlich zu einer Therapiegruppe für Borderlinepatienten. Nach intensiven Vorbereitungen wurde eine Gruppe angeboten, an der maximal vier bis sechs Patientinnen teilnahmen. Geleitet wurde die Gruppe von einer Fachärztin sowie einer erfahrenen Psychologin. Sie formulierten folgende Prinzipien der Vorgehensweise:

Rahmenbedingungen: Es nehmen nur Frauen teil, da sich manche durch die Anwesenheit männlicher Patienten sehr bedroht gefühlt hätten. Neben der Gruppentherapie mußte auch eine Einzeltherapie gesichert sein. Die *Struktur* wird festgelegt durch klare Regeln und eine begrenzte Teilnehmerzahl von maximal vier bis sechs Personen.

- Klarer Anfang: Einleitung der Stunde durch das Lesen einer Kurzgeschichte, die in eindringlicher Weise aufzeigt, daß es immer notwendig ist, aufzustehen, auch wenn man gefallen ist, ja daß man sogar neue Wege gehen lernen kann.
- »Blitzlicht«: Alle können kurz einbringen, wie es ihnen aktuell geht, was es seit der letzten Stunde Neues gibt.
- Thema der Stunde wird von den Therapeutinnen in Rücksprache mit den Teilnehmerinnen »erspürt« und festgelegt.
- Zum Schluss wird eine Rückmeldung über die Gruppenstunde eingegeben.

Dynamik: Die Patientinnen hatten anfangs eine ausgesprochen abwartende Haltung und waren sehr leiterzentriert. Immer wenn eine neue Teilnehmerin in die Gruppe kam, wurde die Gruppe in bezug auf das Thema um 1 bis 2 Sitzungen zurückgeworfen. Erst allmählich gelang es den Patientinnen stärker auf einander einzugehen. Als sich der Weggang einer Leiterin abzeichnete, war es sehr wichtig, das Thema »Abschied« zu erarbeiten.

Hauptthemen: Alltagsprobleme, Beziehungsprobleme, selbstverletzendes Verhalten und Rückzugstendenzen.

Vorteil der Gruppe: Die Patientinnen merkten, daß sie mit ihrer Instabilität und ihren Konflikten nicht allein waren. Manche gaben sogar an, sich hier freier zu fühlen, als in der Einzeltherapie. Die Gruppe wurde zum Halt und ermöglichte es auch, gemeinsam etwas zu unternehmen. Die Teilnehmerinnen lernten, vermehrt auf andere einzugehen, auch wenn der Prozess lange dauerte. Die Häufigkeit von Selbstverletzungen ging deutlich zurück.

Gefahr der Gruppe: Bei sehr instabilen oder narzißtisch kränkbaren Teilnehmerinnen besteht die Gefahr, daß einzelne nicht mit der Realität umgehen können, bzw. daß sie im Mittelpunkt des Gesprächs stehen wollen. Solche Konstellationen können eine Gruppe sprengen.

Besserer Umgang mit Krisen: Ein wesentliches Ziel, auf das sich die Teilnehmerinnen einigten, war ein besserer Umgang mit Krisen. So erarbeiteten sie in den Gesprächen konkrete Hilfen, mit ihren Krisen umzugehen. Nachfolgend zwei Beispiele:

Katastrophenliste: Jede Patientin erstellte sich eine individuelle Liste, was sie machen kann, wenn sie in einer emotional schwierigen Situation ist (vor allem bei Tendenz zur Selbstverletzung). Eine solche Katastrophenliste enthält z.B. drei Telefonnummern von Menschen, denen man im Notfall anrufen kann. Sie enthält aber auch – und das ist ganz wichtig! – Vorschläge für konstruktive Aktivitäten, die an die Stelle selbstzerstörerischer Handlungen treten können. Tabelle 8-6 zeigt eine Sammlung solcher Aktivitäten, die von den Teilnehmerinnen dieser Gruppe erarbeitet wurde. Die Patientinnen müssen sich in den entsprechenden Situationen entscheiden, ob sie die Katastrophenliste zur Erleichterung benutzen oder nicht, d.h. sie übernehmen selbst die Verantwortung für sich.

Umgang mit Suizidalität: Während mehrerer Sitzungen waren konkrete Suizidgedanken im Raum, was für die Therapeutinnen zusammen mit der passiven Erwartungshaltung der Teilnehmerinnen ziemlich lähmend war. Deshalb wurde in intensiven Diskussionen ein Vertrag erarbeitet (vgl. An-

Tabelle 8-6: Liste konstruktiver Aktivitäten

1. Bezugsperson(en) aus meiner SOS-Telefonliste anrufen.
2. Mit anderen vertrauten Menschen Kontakt aufnehmen (per Telefon, Brief, Besuch).
3. In einem nicht-abzuschickenden Brief meine Wut, Enttäuschung, Frust usw. herauslassen.
4. Tagebuch schreiben.
5. In einer sportlichen Tätigkeit (z.B. schwimmen) das »Ventil öffnen«.
6. Spaziergang oder Velotour machen und die Natur auf mich wirken lassen.
7. Entspannungs- (Duft) Bad nehmen und mich pflegen.
8. Mir etwas Gutes gönnen (z.B. einen guten Tee/Kaffee kochen, beruhigende Musik hören, Lesen,usw.).
9. Kreativ tätig sein (zeichnen, malen, mit Ton etwas gestalten, usw.).
10. Mit Kindern oder Tieren spielen.
11. ....

(individuell zu ergänzen)

hang). Danach ging das Kreisen um Suizidgedanken schlagartig zurück und machte konstruktiveren Themen Platz.

Zusammenfassend handelt es sich bei einer Gruppentherapie mit Borderlinepatienten um eine sehr effektive Methode, die eine Einzeltherapie wesentlich ergänzen und bereichern kann. Allerdings muss man sich auch der Grenzen bewusst sein. Zuerst einmal handelte es sich um zwei wirklich erfahrene Therapeutinnen, die diese Gruppe leiteten. Selbst sie erlebten manchmal ein Stagnieren oder einen »Sog nach unten«, Gefühle der Lähmung und des Stillstands, Zeiten der Entmutigung und ein Fragens nach dem weiteren Weg. Zudem fanden die Gruppengespräche im Rahmen einer Klinik statt, in der jederzeit Maßnahmen ergriffen werden konnten, wenn eine Patientin suizidal wurde.

THERAPEUTISCHES ODER MEDIZINISCHES MODELL?

Im Umgang mit schweren Krisen bei Borderlinepatienten gibt es keinen einfachen Weg, der vorgegebenen Regeln folgen würde. Jede Person und jede Situation stellt neue Herausforderungen und ist wieder neu zu beurteilen. In den oben beschriebenen schweren Krisen zeigt sich auch der Unterschied zwischen dem psychotherapeutischen und dem medizinischen Modell der

Behandlung, und zwar in drei Bereichen: Verantwortung, Selbstbestimmung und Medikation.

Es ist eine Grundmaxime vieler Therapeuten und Seelsorger, daß jeder Mensch für sein Verhalten letztlich Verantwortung trage, auch dann, wenn ihm eine größere Bürde auferlegt ist und weniger Kraft zur Verfügung steht. Die therapeutischen Gespräche müßten daher darauf hinzielen, den Betroffenen ihre Möglichkeiten aufzuzeigen und sie auf dem Weg einer verbesserten Lebensbewältigung zu begleiten. In einer stabilen Therapie ist es wesentlich, immer wieder auf die Selbstbestimmung einer Patientin hinzuweisen. Das Dilemma zwischen der Sprache des Willens und der Sprache des Zwangs wurde eingehend in Kapitel 7 beschrieben. Eine wertvolle Übersicht über therapeutische Hilfestellungen für den Therapieprozeß beim Borderline-Syndrom findet sich im Anhang des vorliegenden Kapitels. Das psychotherapeutische Modell wird also stark von dem Grundgedanken geprägt, daß die Patientin grundsätzlich selbst Verantwortung für sich übernimmt, über therapeutische Maßnahmen mit entscheidet und mit möglichst wenigen Medikamenten durchkommt.

Doch die schweren Krisen, die in diesem Kapitel beschrieben wurden, zwingen manchmal zu einer anderen Haltung, die Sorge um das Leben und Fürsorge in Situationen ausdrückt, die die Betroffenen nicht mehr selbst meistern. Diese Haltung nennt man auch das medizinisch-ärztliche Modell. Es mag kränkend für eine Patientin sein, daß über ihren Kopf hinweg entschieden wird. Es mag ihren Werten widersprechen, daß sie mit Medikamenten beruhigt wird. Aber solche Maßnahmen sind manchmal der einzige Weg, Leben zu retten und eine aus dem Ruder gelaufene Situation zu beruhigen. In diesen Krisen gilt es auch die Betroffenen von ihrer Verantwortung zu entbinden, anzunehmen, daß es nun soweit gekommen ist, daß sie keinen anderen Ausweg mehr gesehen haben. Im Vordergrund des medizinischen Notfallmodells steht nicht die Frage nach dem Warum, sondern die Frage nach dem Wie weiter? Erst in einem weiteren Schritt wird man dann die Situation genauer betrachten, die zur Krise geführt hat. Auch dabei geht es nicht um Schuldzuweisung – die Patienten leiden selbst schon genug an ihrer Mischung von Haß und Selbsthaß, die sie mit tiefsten Schuldgefühlen erfüllen. Vielmehr geht es um das Ziel, einer erneuten Entgleisung vorzubeugen und die Situation zu stabilisieren.

Ein guter therapeutischer Seelsorger wird deshalb offen sein für beides, das therapeutische und das medizinische Modell. Oft ist es möglich, eine Person über lange Zeit hinweg in einer Weise zu begleiten, die ihr möglichst viel Eigenverantwortung vor Gott und Menschen zuspricht. Immer wieder wird es nötig sein, nicht nur zu trösten und zu ermutigen, sondern auch zu ermahnen und zu korrigieren. Und doch gilt es dabei immer im Auge zu behalten, daß wir alle nicht nur verantwortliche Sünder, sondern auch stolpernde Schwache sind, mühselig und beladen. Manchmal ist eine Krise ein Ausdruck des Nicht-mehr-weiter-Könnens. Kliniken und Wohngemeinschaften sind dann eine »Herberge am Wege«, die einen wesentlichen Auftrag in Ergänzung zur Seelsorge wahrnehmen.

ANHANG: BEISPIEL FÜR EINEN THERAPIEVERTRAG

Hiermit erkläre ich mich bereit, für mich selber die Verantwortung zu übernehmen und meinerseits auf folgende Weise zum Gelingen der Therapie beizutragen:

1. Ich bin bereit, mich gegebenenfalls von meinem Therapeuten kritisch in Frage stellen zu lassen und mich mit Denk- und Verhaltensweisen konfrontieren zu lassen, die die Therapie hemmen.
2. Ich werde mir während der Therapie nicht das Leben nehmen oder entsprechende Versuche unternehmen; auch auf Selbstmorddrohungen werde ich in dieser Zeit verzichten.
3. Auf die Einnahme von Suchtmitteln werde ich während der Therapie völlig verzichten.

Wenn ich in der Gefahr stehe, den Vertrag nicht einhalten zu können, verpflichte ich mich zu folgenden Schritten:

a) Ich werde mich sofort telefonisch bei einer meiner Bezugspersonen melden (siehe SOS-Telefonliste).

b) Mit dieser Bezugsperson werde ich besprechen, was ich tun werde, um meine angestauten Spannungen auf konstruktive Weise zu kanalisieren (siehe Katastrophenliste, Tab 8-6).

c) Ich werde die unter »b« vereinbarten Aktivitäten anschließend durchführen und mich hinterher bei der betreffenden Bezugsperson zurückmelden, um davon zu berichten.

Wenn ich diese Vereinbarung nicht eingehalten habe,
gelten folgende Schritte:

a – c) wie oben.

d) In der nächsten Therapiestunde werde ich mit dem Therapeuten Schritte erarbeiten, welche mir helfen sollen, reifere Verhaltensweisen einzuüben (lernzielorientierte Konsequenzen).

Diesen Vertrag werde ich während der gesamten Therapie einhalten.

Datum:.................... Unterschrift des Patienten / des Therapeuten

ANHANG: THERAPEUTISCHE HILFESTELLUNGEN

Therapeutische Hilfestellungen für den Therapieprozess beim Borderline-Syndrom (zusammengestellt von A. Jonckers Nieboer)

A) Inhaltliche Ziele zur Stärkung der psychologischen Ich-Funktionen

1. Identitätsbildung: Wer bin ich: meine Stärken und Schwächen; Möglichkeiten und Grenzen (und Umgang damit) u.a.m.
2. Kognitives Umlernen (anstelle des destruktiven Denkmusters, wie negative Grundüberzeugungen, innere Festlegungen).
3. Stabilisierung des emotionalen Bereichs: Kanalisierung der leicht überflutenden Emotionen und Impulse (siehe Katasthrophenliste).
4. Integrative soziale Wahrnehmung (anstelle des spaltenden »Gut-Böse« Wahrnehmungsmusters).
5. Konstruktive Beziehungsgestaltung mit dem Ziel der Beziehungskonstanz (anstelle des beziehungszerstörenden Verhaltensmusters).
6. (falls notwendig) Nachreifen der Fähigkeit zur Realitätsprüfung.
7. Sinnfindung (positive Zukunftsausrichtung anstelle von Suchtverhalten oder Todessehnsucht).

Kurz: Hilfe zur Selbsthilfe!

B) Methodische Prinzipien

1. Realitätsbezogenes Arbeiten im Hier und Jetzt (je schwerer die Störung, desto grösser wird bei der Arbeit an der Vergangenheit die Gefahr des Abgleitens in eine psychotische Phase!).
2. Starkes Strukturieren in der Gesprächsführung (wegen der mangelnden Ich-Struktur beim Borderline-Syndrom).
3. Strukturhilfen für den Alltag geben (Tagesprogramm, Freizeitbereich!).
4. Die therapeutische Beziehung als Übungsfeld für die Beziehungsfähigkeit nehmen (in der Abgrenzung zwischen Ich und Du, im Umgang mit Nähe und Distanz u.a.m.).
5. Gleichgewicht bewahren zwischen Unterstützen und Grenzen setzen (das Vorleben einer gesunden Abgrenzung ermöglicht beim

Patienten Lernen am Modell).

6. Vertragsarbeit: Darin wird vom Patienten dem Therapeuten schriftlich die Erlaubnis gegeben, ihm Grenzen zu setzen, ihn zu konfrontieren usw.; sonst droht die Gefahr des Therapieabbruchs!

Kurz: Weg der kleinen und kleinsten Schritte mit dem Patienten gehen!

9 Ein wirksames Konzept zur Behandlung – die dialektisch-behaviorale Therapie (DBT) nach Linehan

»Dialektik im Zusammenhang mit der therapeutischen Beziehung kann man vielleicht mit einem Tanz vergleichen: Der Therapeut muss auf die Schritte der Patientin sehr sensibel reagieren und sie ganz leicht aus der Balance bringen, dabei aber immer eine stützende Hand bereithalten. So kann die Patientin sich langsam fallen lassen und sich ganz nach der Musik bewegen ... Dieser »Tanz« erfordert vom Therapeuten ein rasches Wechseln zwischen Strategien, von Akzeptanz zur Veränderung, von Kontrolle zu Loslassen, von Konfrontation zu Unterstützung, von Zuckerbrot zu Peitsche, von Härte zu Nachsichtigkeit.« Marsha M. Linehan

Gibt es überhaupt eine Möglichkeit, systematisch zu lernen, wie man Borderline-Patientinnen begegnet? Ist die Problematik nicht allzu vielschichtig, schillernd und letztlich unfaßbar? In der Tat stellt man sich diese Frage, wenn man die vielfältigen Bücher über Borderline-Störungen und ihre Behandlung liest. Und doch ziehen sich gewisse Haltungen und Verhaltensweisen durch viele Konzepte hindurch. Immer wieder wird das Spannungsfeld von Annahme der leidenden Person und Hilfe zur Veränderung spürbar. Doch erst seit kurzem gibt es ein umfassendes Konzept, das diese Vorgehensweisen so klar darstellt und vermittelt, daß Therapie von Borderline-Patienten erstmals lehrbar und lernbar erscheint. Die folgenden Ausführungen sind vor allem für Ärzte, Psychotherapeuten und Sozialarbeiter gedacht, die nach einem professionellen therapeutischen Konzept suchen. Die Sprache ist daher etwas dichter als in den anderen Kapiteln.

DIALEKTISCH-BEHAVIORALE PSYCHOTHERAPIE NACH LINEHAN

Begründerin dieses Therapiekonzeptes ist die amerikanische Psychologieprofessorin Marsha M. Linehan. Über 20 Jahre hinweg hat sie intensiv mit Borderline-Patienten und -Patientinnen gearbeitet, einzeln und auch in Gruppen. Im Unterschied zu früheren, eher analytisch orientierten Konzepten holte sie die Menschen in ihren Alltagsproblemen, in ihrem Erleben und Verhalten ab und versuchte mit ihnen Wege zu finden, das Leben besser zu bewältigen. Diese sehr pragmatische Vorgehensweise wird der Verhaltenstherapie zugerechnet, doch wird beim Lesen ihrer Bücher schnell deutlich, dass man es hier nicht mit einem einfachen Trainingsmanual zu tun hat. Immer wieder wird eine Warmherzigkeit und Weisheit in der Therapie spürbar, die wesentlich zum Erfolg ihres Ansatzes beiträgt. Die Besonderheit liegt in der Integration von Fürsorge und präzisem Denken, von tiefer Verantwortlichkeit für die Patienten und Achtung vor deren Autonomie, gepaart mit therapeutischem Optimismus.

Mehr noch: Marsha Linehan hat es unternommen, ihre Therapieform sorgfältig zu beschreiben, ein umfassendes Manual zu erstellen und schließlich die Ergebnisse ihres Wirkens in anspruchsvollen wissenschaftlichen Zeitschriften zu veröffentlichen. Dies hat dazu geführt, daß ihr Ansatz eine breite Resonanz bei wissenschaftlich orientierten Therapeuten gefunden hat und heute als Standard der Borderline-Therapie gilt. Damit sollen andere Autoren, deren Arbeit in diesem Buch erwähnt werden, nicht abgewertet werden. Vielmehr wird immer wieder deutlich, dass auch sie Ähnliches beobachtet, ja sogar praktiziert hatten. Aber Marsha Linehan hat ihre Arbeit in neue Konzepte gefaßt, die von Therapeuten und Betroffenen intuitiv nachvollzogen werden können.

Auf den folgenden Seiten soll versucht werden, einige ihrer zentralen Annahmen und Vorgehensweisen zu beschreiben. Bei der Fülle ihres Ansatzes ist dies nur sehr holzschnittartig und unvollständig möglich. Vielleicht werden dadurch aber einige Leserinnen und Leser angespornt, sich eingehender mit ihren beiden auf deutsch erschienen Büchern zu beschäftigen.

WAS BEDEUTET EIGENTLICH »DIALEKTIK«?

Marsha Linehan bezeichnet ihre Therapie als »dialektisch-behavioral«. Der Begriff der »Dialektik« ist in ihrem Vorgehen ganz zentral und bedarf einer Erläuterung. Dialektik umschreibt zuerst einmal ein Spannungsfeld zwischen zwei oder mehreren Polen. Dialektische Strategien betonen in den Worten von Marsha Linehan »die kreative Spannung, die durch widersprüchliche Emotionen und gegensätzliche Denkmuster, Wertvorstellungen und Verhaltensstrategien – innerhalb einer Person oder zwischen Person und Umwelt – hervorgerufen wird.« Borderline-Patienten sind von der Natur ihrer Störung her geprägt von solchen Spannungsfeldern zwischen Schwarz und Weiss, zwischen Liebesbedürftigkeit und Hassgefühlen, zwischen Lebenshunger und Todessehnsucht, zwischen Sehnsucht nach Annahme und einem Verhalten, das andere Menschen abstößt.

Diesem Spannungsfeld, eben dieser Dialektik, hat sich jeder zu stellen, der therapeutisch mit Borderline-Betroffenen arbeitet. Alle Verhaltensmuster von Therapeuten und Seelsorgern, die dazu neigen, die »dialektische Balance« zu verlassen, gefährden den therapeutischen Prozess. Dazu gehört zu langes Dulden von pathologischem Verhalten genauso wie zu starres Drängen auf Veränderung, zu geringe Flexibilität oder zu unklare Strukturen. Patienten können überfordert werden, wenn man sich zu früh oder zu stark auf die früheren Verletzungen konzentriert, aber sie brauchen auch ein wohlwollendes, mittragendes Zuhören, wenn solche Wunden aufbrechen. Wesentlichstes Spannungsfeld ist die Dialektik zwischen der Annahme des leidenden Menschen mit seiner schmerzlichen Lebensgeschichte und seinen unerfüllten Bedürfnissen und die Konfrontation mit der Notwendigkeit einer Veränderung, wenn sich das Leben einer Person verbessern soll. Eine gute Therapeutin achtet auf ein Gleichgewicht zwischen Veränderung und Annahme, sodass eine Atmosphäre der kreativen Zusammenarbeit geschaffen wird.

URSACHEN: BIOSOZIALE GRUNDLAGEN

Grundlage für das Therapiekonzept von Marsha Linehan sind die Erkenntnisse der letzten Jahre, dass Borderline-Störungen durch verschiedene Faktoren verursacht werden, insbesondere aber durch ein Wechselspiel von biologischer Anlage und späteren seelischen Verletzungen. Patienten mit einer Borderline-Persönlichkeitsstörung (BPS) litten insbesondere an einer Störung der Gefühlsregelung. Sie sind übermäßig sensibel, reagieren übersteigert intensiv und kehren nicht so schnell wieder in eine mittlere Gefühlslage zurück wie andere Menschen. Die Gefühle entgleiten ihrer Kontrolle und das macht Angst – Angst, die nicht normal verarbeitet werden kann. Die vielfältigen

Verhaltensmuster von Borderline-Patienten (impulsives Verhalten, Selbstschädigung, suizidales Verhalten) interpretiert M. Linehan als Versuch, die schmerzhaften Erregungszustände zu modulieren.

Dahinter stehen wahrscheinlich organische Faktoren (Serotonin-Dysregulation, gehäuft leichtere hirnorganische Störungen). Würde das übersensible Kind in einer wohlwollend-behütenden Umgebung aufwachsen, so könnte es lernen, die heftigen Gefühlsschwankungen in sozial verträglich Bahnen zu lenken. Oft wachsen Borderline-Patienten aber in einem Umfeld auf, in denen die emotionalen Probleme des Kindes nicht wahrgenommen werden oder wo übermäßig darauf reagiert wird.

Oftmals sind die primären Bezugspersonen gleichzeitig auch traumatisierende Täter. Und dann erlebt das Kind nicht selten, dass die zweite erwachsene Person nicht den Schutz gibt, des es brauchen würde. Man kann sich vorstellen, welches Chaos solche Erfahrungen im Gefühlsleben auslöst. Oft kann die betroffene Person ihre Gefühle gar nicht richtig wahrnehmen und dann »vernünftig« in entsprechende Handlungen oder Mitteilungen umsetzen. Das kleinste Gefühl der Abweisung kann zu massiven Reaktionen (z.B. Suizidversuch, Selbstverletzung etc.) führen. Für die Umgebung sind diese Muster sehr belastend. Borderline-Patienten erleben sich also gefangen in einer Balance zwischen hoher Abhängigkeit von anderen Menschen und weitgehend unangepaßten Fähigkeiten, Beziehungen zu gestalten.

DIALEKTISCHE STRATEGIEN

Das ganze Konzept von Marsha Linehan ist auf der Bearbeitung der Spannungsfelder der Patienten und der Spannungsfelder bei den Therapeuten aufgebaut. Abbildung 10-1 beschreibt die Strategien, auch das ein bevorzugtes Wort von Linehan, in schematischer Weise. Patienten müssen einerseits Akzeptanz, Fürsorglichkeit, wertschätzende Gegenseitigkeit und aktives Engagement der Therapeutin erleben (rechte Seite). Doch sie brauchen auch die Herausforderung zur inneren Veränderung und zur Lösung anstehender Probleme (linke Seite). In den Gesprächen geht es immer um die Balance zwischen Validierung (Wertschätzung der gegenwärtigen Situation) und Problemlösung (Veränderung, auch wenn sie Angst macht).

In ihrer systematischen Art hat Linehan eine Hierarchie von therapeutischen Phasen aufgestellt, die in der folgenden Aufstellung beschrieben werden:

Abbildung 9-1: Behandlungs-Strategien der DBT / Dialektisch-Behavioralen Therapie (nach Linehan 1996)

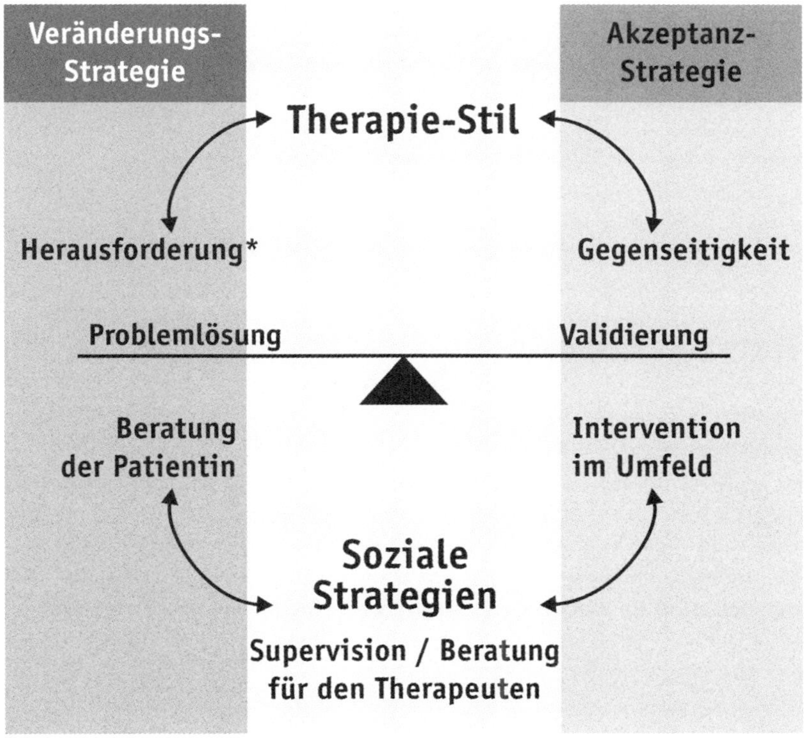

A) Vorbereitungsphase:

Aufklärung über die Behandlung
Zustimmung zu den Behandlungszielen
Motivations- und Zielanalyse.

B) Erste Therapiephase:

1. Auffangen von suizidalem Verhalten oder Suiziddrohungen
2. Auffangen von therapie-gefährdendem Verhalten
3. Bearbeiten von Verhalten, das die Lebensqualität beeinträchtigt

4. Verbesserung von Verhaltensfertigkeiten
a) innere »Achtsamkeit«
b) »Zwischenmenschliche Fähigkeiten«
c) Bewußter Umgang mit Gefühlen
d) Streß aushalten lernen
e) Selbstmanagement

C) Zweite Therapiephase
5. Bearbeitung der traumatischen Erfahrungen

D) Dritte Therapiephase
6. Steigerung der Selbstachtung
7. Entwickeln und Umsetzen individueller Ziele

Die Therapie wird in vier Bausteine (oder Module) unterteilt, die recht intensiv erscheinen. Über zwei Jahre hinweg wird eine Einzeltherapie angeboten, die 1 bis 2 Sitzungen pro Woche umfaßt. Unterstützt wird sie durch eine wöchentliche Gruppentherapie, in der BPS-Patientinnen sich spezifisch mit Fragen der praktischen Lebensbewältigung und Beziehungsgestaltung beschäftigen (»Fertigkeitstraining«). Tritt dazwischen ein Notfall auf (z.B. einschießende Suizidalität, eine erneute Traumatisierung), so gibt die Thera-

Abbildung 9-2: Die vier Bausteine der DBT

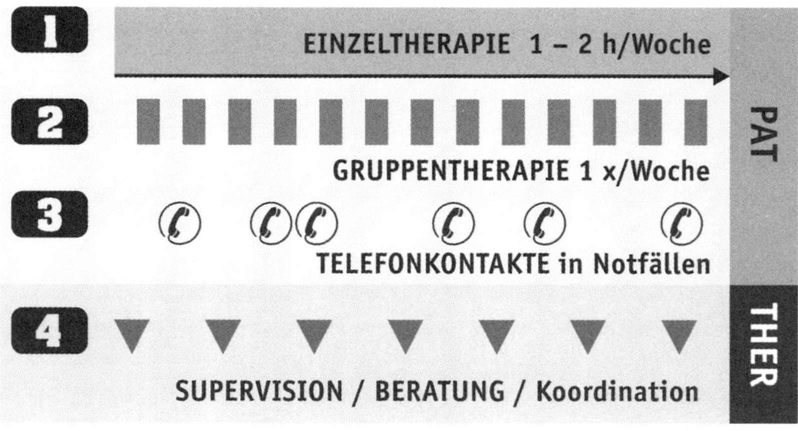

peutin – im Rahmen ihrer Möglichkeiten – als dritten Baustein das Angebot der telefonischen Erreichbarkeit.

Und schließlich ist als viertes Modul der Informationsaustausch zwischen Einzeltherapeutin und Gruppentherapeutin (nicht unbedingt dieselbe Person), oder zwischen Einzeltherapeutin und therapeutischem Team auf der Station ganz wichtig. Der Einzeltherapeut ist gehalten, die Fertigkeiten, die eine Person in der Gruppentherapie gelernt hat, auch in der Einzelberatung konsequent einzusetzen und zu verstärken.

Die gemeinsamen Sitzungen ermöglichen auch, das Verhalten einer BPS-Patientin noch besser zu verstehen, mit der Grundfrage: »Was ist die Funktion des schwierigen Verhaltens; welche Auslöser setzen die fatale Kette von Reaktionen in Gang? Wie können wir als Behandelnde dieses Verhalten verändern, oder wo verstärken wir es noch?« Schließlich haben diese Koordinations-Sitzungen auch die Funktion der gegenseitigen Unterstützung der Therapeuten, bedeutet doch eine solche intensive Behandlung auch eine große Belastung für das ganze Team, die oft bis an die Grenze der Erschöpfung geht.

PROBLEMBEREICHE IN DER ERSTEN THERAPIEPHASE

Wesentlich für den Eintritt in die Therapie ist eine gute Vorbereitung, in der Patientinnen mit einer BPS über die Natur ihrer Krankheit aufgeklärt werden und erfahren, wie die Therapie strukturiert wird und welche Bedingungen gestellt werden. Oftmals beginnen BPS-Patienten ja dann in eine Therapie, wenn sie in einer Krise sind, die mit Suizidalität einher geht.

Deshalb ist es das vorrangige Ziel der ersten Therapiephase, die Suizidgefahr und Suiziddrohungen zu bearbeiten. Die DBT bietet umfassende Checklisten zur Erfassung des Suizidrisikos, die gleichzeitig auch mithelfen, das Verhalten und die Empfindungen der betroffenen Patientin besser zu verstehen. Dazu gehören auch parasuizidale Handlungen (z.B. Selbstverletzungen, nicht-tödliche Tabletten-Überdosis), drängende suizidale Impulse und suizidale Phantasien.

Als zweites wird therapie-gefährdendes Verhalten angegangen: Darunter versteht man insbesondere: Verhaltensweisen von Patient oder Therapeut, die die Therapie auf die Dauer sehr wahrscheinlich zerstören werden oder sie gefährden; des weiteren mangelhafte Fortschritte in der Therapie. Wesentlich ist die Betonung von M. Linehan, dass nicht nur Patienten eine Therapie gefährden können, sondern auch Therapeuten.

Ist diese Basis einigermaßen stabil, so kann man sich als dritten Schwerpunkt denjenigen Verhaltensweisen zuwenden, die die Lebensqualität beeinträchtigen. Dazu gehören Drogen- und Alkoholmißbrauch, Eßstörungen, finanzielle Probleme, gehäufte Diebstähle, antisoziales Verhalten, ausgeprägte Promiskuität oder die Vernachlässigung medizinisch notwendiger Behandlungen, um nur einige zu nennen.

Als vierter Schwerpunkt wird dann eine Verbesserung von zwischenmenschlichen Fertigkeiten bearbeitet, die ja auch in der Gruppentherapie trainiert werden. Als solche »Skills« sind kognitive, emotionale und handlungsbezogene Reaktionen, die sowohl kurz- als auch langfristige vom Patienten erwünschte Konsequenzen erbringen. Ein gutes Beispiel ist die »konstruktiver Aktivitäten«, die an anderer Stelle in diesem Buch beschrieben wird.

Ziel der Therapie, so Linehan, sei es, zu lernen, mit der Realität dieses Lebens zu leben: »Nur indem sie lernen, nicht ständig sofort den Notausgang zu benutzen, werden sie sich in die Lage versetzen, sich in ihrem Gebäude langsam einzurichten.« Auch schwieriges Verhalten hat seinen Sinn, und diesen sollte der Therapeut versuchen herauszuarbeiten. Schwieriges Verhalten wird nicht einfach aus Feindseligkeit heraus gezeigt, sondern stellt eine echte individuelle Not der Patientin dar. Der Vorwurf an die Patientin, sich »manipulativ« oder »agierend« zu verhalten, ist nicht hilfreich. Machtkämpfe verschlimmern das Problem.

Dennoch gibt es auch Grenzen für diesen Ansatz. Marsha Linehan stellt am Anfang einer Therapie ganz klare Forderungen an ihre Patienten und an die Therapeuten. Therapieabbrüche werden von Therapeuten insbesondere dort mit verursacht, wo es ihnen nicht gelingt, die »dialektische Balance« zu halten, die oben beschrieben wurde. Ein weiteres Problem ist die Erschöpfbarkeit des Therapeuten.

Immer wieder muss er fragen: »Wie kann ich als Therapeut Ihnen helfen, mit den Grenzen meiner Belastbarkeit umzugehen?« Auf Seiten der Patientin wird verlangt, dass sie regelmäßig sowohl an den Einzelgesprächen als auch an den Gruppenstunden teilnimmt. Versäumt eine Patientin vier Sitzungen in Folge, so wird dies als Zeichen für einen Therapieabbruch gewertet. Hinderlich ist aber auch das regelmäßige Verweigern von Hausaufgaben oder die Mitarbeit in der Fertigkeiten-Gruppe. Schließlich gilt auch feindseliges und hochaggressives Verhalten als Problem, das sofort geklärt werden muss, andernfalls es zum Therapiehindernis wird. Als Kompromiß kann man der Patientin auch eine Therapiepause vorschlagen, bis sie wieder bereit ist, sich an das Setting zu halten.

THERAPEUTISCHE STRATEGIEN

Das Buch von Linehan ist reich an therapeutischen Strategien. Die folgenden Stichworte können nur ganz wenig von dieser Vielfalt wiedergeben.

a) Dialektische Strategien: Balance zwischen Annahme und Veränderung. Widersprüche in Erlebnisweisen, Denk- und Verhaltensmustern herausarbeiten, aufzeigen. Gleichzeitig gilt es anzunehmen, daß diese zur Zeit so sind und auch verständlich sind, aber dass sie dem Wohlbefinden, den Beziehungen und der Lebensbewältigung nicht dienen, dass also Veränderung nötig ist.

b) Validierungsstrategien: Auch wenn BPS-Patienten sich verändern möchten, so sehnen sie sich doch nach Wertschätzung und Akzeptanz. Ohne diese »validierende« Grundhaltung ist eine Therapie kaum möglich. Es gilt daher, den jeweiligen Sinn im Erleben und Verhalten herauszuarbeiten und dem Patienten zu vermitteln, dass seine Reaktionen auch zum gegenwärtigen Zeitpunkt nachvollziehbar sind. Erst diese Wertschätzung eröffnet die Möglichkeit, auf andere Ressourcen zurückzugreifen und neue Verhaltensmuster zu erlernen. Aus diese beiden »Basis-Strategien« bauen dann die spezifischen Strategien auf:

c) Kontingenzmanagement: Dieser Begriff aus der Verhaltenstherapie umschreibt den Umgang mit positiven und negativen Verstärkern. Für den Patient kann das heißen: »Wenn es mir besser geht, kann ich auch mein Verhalten ändern.« Der Therapeut verstärkt diese Einsicht vielleicht mit dem Satz: »Ihr Verhalten beeinflußt ganz wesentlich ihr Befinden, und dieses wiederum wirkt auf ihr Verhalten zurück.« Dabei kann man die Patienten laufend über die Grundlagen der Lerntheorie aufklären. Wesentlich ist auch hier eine tiefe Wertschätzung: »Nicht der Patient erfährt negative Konsequenzen, sondern sein Verhalten.« Somit wird auch hier Verhaltenssteuerung angestrebt durch die Balance zwischen menschlicher Wärme und Zuneigung und dem Einsatz der therapeutischen Beziehung.

d) Ausdruck von Gefühlen: Patienten, die so oft erlebt haben, dass ihre Gefühle nicht ernst genommen wurden, die vielfach und z. T. schwer verletzt worden sind, müssen neu lernen, ihre Gefühle auszudrücken. Doch auch hier gilt: Lernen, Gefühle auszudrücken, aber in einer angepaßten Weise, die nicht zu negativen Folgen für das eigene Leben und die Beziehungen führen.

e) Kognitive Umstrukturierung: Bei Denkmustern (Schwarz/weiß, rigid) ist immer die Lebensgeschichte zu berücksichtigen. Sehr häufig werden pathologische kognitive Schemata als Überlebens-Strategie im traumatischen Kontext verständlich (Validierung). Erst dann kann an einer Aufweichung und konstruktiven Veränderung gearbeitet werden.

»AUS ZITRONEN LIMONADE MACHEN« UND ANDERE TECHNIKEN

Linehan wendet in kreativer Form vielfältige Gesprächstechniken an. Auch hier plädiert sie für eine Balance zwischen dem einfühlsamen Eingehen auf eine Person und der Herausforderung zur Veränderung, die auch als »respektlos« beschrieben wird. Was bedeuten diese beiden Begriffe für Marsha Linehan? »Gleichberechtigte Kommunikation ist durch Reaktionsbereitschaft, Selbstöffnung, Wärme und Echtheit definiert. Im Gegensatz dazu ist der respektlose Kommunikationsstil unverschämt und inkongruent. Gleichberechtigung ist verletzlich; Respektlosigkeit kann konfrontativ sein. Diese zwei Stile bilden die Pole einer Dialektik. Sie gleichen sich nicht nur gegenseitig aus, sondern müssen miteinander verbunden werden. Der Therapeut muss in der Lage sein, sich mit solch einer Geschwindigkeit zwischen den beiden hin und her zu bewegen, dass dieses Vermengen selbst eine stilistische Strategie darstellt ...»Respektlose« Kommunikation wird eingesetzt, um eine Patientin herauszufordern, sie »aufzuwecken«, sie für einen anderen Standpunkt zu gewinnen. Sie muss nicht nur echt sein, sondern auch »in einen Mantel von Mitgefühl, Sorge und Wärme eingebettet sein.« (Linehan, S. 295).

Nicht immer muss man direkt über die Probleme sprechen. Manchmal ist es gerade eine unerwartete Antwort oder eine Geschichte, die eine Patientin zum Nachdenken anregt. Manchmal spielt die Therapeutin den »Advocatus diaboli«: Sie nimmt also gerade die falsche Position ein und fordert die Patientin auf, Gegenargumente zu bringen. Manchmal ist es notwendig der Patientin bewusst zu machen, daß sie beides hat: eine emotionale Blockade, die zu Kurzschlußreaktionen neigt und einen »wissenden Zustand«, der sehr wohl weiß, was gut für sie wäre. Ziel sei es oftmals nicht, die Zitronen in süße Früchte zu verwandeln, sondern sich damit zu begnügen, »aus Zitronen Limonade zu machen.«

WISSENSCHAFTLICHE UNTERSUCHUNGEN DER DBT

In ihrer systematischen Art hat Marsha Linehan eine umfassende wissenschaftliche Begleituntersuchung ihrer Therapieform vorgenommen. Außergewöhnlich war daran, daß sie sich der schwierigsten Gruppe unter den Borderline-Patienten annahm, nämlich denjenigen, die zu Beginn der Therapie ausgesprochen suizidal waren. Untersucht wurden 44 Patientinnen, die die Kriterien für eine BPS nach DSM-III-R erfüllten und mindestens zwei Suizidversuche oder selbstverletzende Handlungen in der Vorgeschichte hatten. Sie wurden in zwei Gruppen aufgeteilt: Die erste Gruppe wurde nach dem Schema der DBT behandelt, die andere Gruppe erhielt eine psychotherapeutische Standardbehandlung.

Bereits vier Monate nach Behandlungsbeginn zeigten die mit DBT behandelten Patientinnen deutlich weniger häufig und weniger schwere Suizidhandlungen und Selbstverletzungen. DBT-Patientinnen brachen auch deutlich weniger häufig die Behandlung ab, als herkömmlich behandelte Borderline-Patientinnen. Mehr noch: Mit DBT behandelte Patientinnen mußten deutlich weniger häufig stationär in die Klinik aufgenommen werden. Nur 11 Prozent der intensiv betreuten Patientinnen kam in klinische Behandlung, im Vergleich mit 40 Prozent der Kontrollgruppe. Auch die durchschnittliche Dauer war kürzer: mit DBT: 8,5 Tage in der Klinik, ohne DBT: 38.9 Tage pro Jahr. Trotz der engmaschigen und persönlichen Betreuung wurde aber die Depressivität nicht mehr verbessert als in der Kontrollgruppe.

Ein halbes Jahr nach Abschluß der Therapie wurden 39 Patientinnen nachuntersucht: DBT-Patientinnen hatten weiterhin weniger suizidale Krisen und konnten sich sozial und beruflich besser halten. Erste Schatten zeigten sich im zweiten Halbjahr nach Beendigung der Therapie: Es kam zu einer zunehmenden Angleichung der Befindlichkeit zwischen den Gruppen. Nun ging auch bei DBT-Patientinnen die Suizidalität wieder auf das Niveau der Kontrollgruppe zurück. Weiterhin blieb aber eine bessere berufliche Integration erhalten.

Es scheint, dass Frau Linehan mit ihrer persönlichen Ausstrahlung ein wesentlicher Wirkfaktor war. In 27 % der Einzeltherapien war sie die Therapeutin; zudem leitete sie bei 50 % die Gruppentherapien. Unklar ist leider auch, in welcher Form die sogenannte »Kontrollgruppe« behandelt wurde, zumal man ja auch bei diesen Patientinnen nicht ganz ohne Gespräche, soziale Unterstützung oder Medikamente arbeitete.

Wirklich gute Resultate lieferte die Studie also vor allem in der Zeit, in der die Patientinnen eine intensive Betreuung durch Marsha Linehan und ihr Team hatten. Fiel dieses weg, so kamen leider wieder die alten Muster zum Vorschein. Diese (gemischten) Ergebnisse der DBT-Studie sollen andere Therapien nicht abwerten. Offenbar sind aber auch andere Wege hilfreich, selbst wenn sie nicht so konsequent und intensiv durchgeführt werden.

Faszinierend für jeden Therapeuten sind aber die vielfältigen und einfühlsamen Beschreibungen der einzelnen Therapieschritte und die kreative Art und Weise des Vorgehens. Bestechend ist auch das engagierte Plädoyer, daß nicht nur Tiefenpsychologie für die Behandlung »früher Störungen« geeignet ist, sondern, daß die Verhaltenstherapie in einem menschlich warmen Kontext klare nachvollziehbare Richtlinien zur Behandlung geben kann. Verhaltenstherapie in dieser Form entspricht nicht mehr den alten Vorstellungen von rigiden Stufenplänen. Andererseits lässt sich das Engagement von Linehan nicht von jedermann übernehmen. Andere Therapeuten ohne großes Mitarbeiterteam wären mit dem intensiven Setting schlichtweg überfordert. Oft fühlt man sich neben ihren vielfältig sprühenden Therapiebeschreibungen geradezu inadäquat und unfähig, jemals eine Patientin mit seelischer Instabilität zu behandeln.

Marsha Linehan – schmerzliche Selbsterfahrung

Die Begründerin der Dialektisch-Behavioralen Therapie war selbst in ihrer Jugend für Monate wegen einer Borderline-Störung hospitalisiert und erfuhr nicht zuletzt durch eine spirituelle Erfahrung (im katholischen Kontext) eine tiefgreifende Besserung. Später entwickelte sie mit der DBT das tragfähigste Therapiekonzept für Borderline-Patienten.

Quelle: New York Times 2012

Dennoch: M. Linehan überzeugt in ihrer persönlichen Haltung und in ihrem professionellen Vorgehen. Sie hat ein vermittelbares Konzept zur Behandlung von BPS-Patienten geschaffen, das breite Akzeptanz findet und in seiner klaren Formulierung gut nachvollziehbar ist. In ihrer menschlichen, warmherzigen Einfühlung ist sie ein Vorbild auch für die Seelsorge.

AUSBILDUNGSMÖGLICHKEITEN FÜR ÄRZTE, PSYCHOTHERAPEUTEN, PFLEGENDE UND SOZIALPÄDAGOGEN:

In Deutschland: Arbeitsgemeinschaft Wissenschaftliche Psychotherapie
Leitung: Prof. Dr. Martin Bohus
www.awp-freiburg.de

In der Schweiz: Fort- und Weiterbildungsveranstaltungen in Dialektisch-Behavioraler Therapie (dbt) für Borderlinestörungen nach M. Linehan
www.awp-zuerich.ch

Auf dieser Homepage finden Sie auch eine Auswahl der aktuellsten Bücher zur Thematik.

10 Chancen und Probleme der Seelsorge aus ärztlicher Sicht

»Ich habe das Gefühl, dass ich einfach nur so existiere – wofür weiß ich nicht. Jesus liebt mich, ich bin ihm unendlich wertvoll. Ich weiß das im Kopf, aber ich fühle mich oft so wertlos. Eigentlich habe ich alles, was ich mir wünschen würde – sollte ich da nicht überglücklich sein? Und doch fühle ich mich als Versagerin als Hausfrau und als Mutter. Ich bin ständig unzufrieden, mein Mann leidet still darunter, und dadurch fühle ich mich noch schuldiger. Gott, wofür bin ich auf dieser Welt? Welchen Plan hast du für mein Leben? Ich sorge mich so um Laura. Ich wollte dich nicht, mein prächtiges kleines Mädchen. Ich bin schuldig geworden an Dir. Wie viele Stunden hast du alleine in deinem Zimmer verbracht, wie viele Tage bliebst du ungewaschen, nur weil ich keine Lust und keine Kraft hatte, mich um dich zu kümmern. Ich habe die Verantwortung nicht wahrgenommen, die Gott mir anvertraut hat. Obwohl ich Gott um Vergebung gebeten habe und er mir meine Schuld abgenommen hat, komme ich nicht aus meinem Loch heraus. Ich habe nach nichts Lust, nur flüchten, weg aus dieser unerträglichen Situation!«

Aus diesen Worten spricht Verzweiflung, Reue, Sehnsucht und unerfüllte Hoffnung zugleich. Es sind die Worte einer jungen Frau, die durch ihre Kindheits- und Lebenserfahrungen in eine tiefe seelische Instabilität abgerutscht ist. Sie glaubt an Jesus, aber welche Bedeutung hat das für ihre Lebens- und Leidensbewältigung? Welche Veränderungen kann der Glaube bewirken? Welche besonderen Probleme ergeben sich im christlichen Umfeld von Gemeinde, Hauskreis und Wohngemeinschaft? Welches sind die besonderen Herausforderungen an die christliche Seelsorge?

Diesen Fragen soll sich das letzte Kapitel dieses Buches widmen. Es geht mir dabei spezifisch um die Schwierigkeiten, die Borderline-Patienten in der Einzelseelsorge und in der christlichen Gemeinschaft erleben und erzeugen. Die folgenden Beobachtungen stützen sich auf vielfältige Beratungsgespräche mit Seelsorgern und Betroffenen aus Kirchen und Gemeinschaften unterschiedlichster Prägung. Dabei habe ich enorm viel hilfreiches Engagement erlebt. Ich bin fest davon überzeugt, dass christliche Gemeinschaften und christlich-therapeutische Seelsorger ein Potenzial haben, das weithin unterschätzt wird.

Aber es gibt natürlich auch in der Seelsorge ähnliche Probleme wie sie in der Psychotherapie geschildert wurden, vom Machtkampf bis zum Mangel an nötigen Grenzen. Dazu kommt die Frage, wie man schwieriges Verhalten, Denken und Fühlen aus biblischer Sicht beurteilen und angehen soll. Hier ergeben sich manchmal problematische Situationen, die kurz beleuchtet werden sollen. Insgesamt habe ich aber als Arzt hohe Achtung für die geduldige Arbeit christlich motivierter Seelsorger und Helfer auf dem langen Weg, den es eine instabile Person zu begleiten gilt.

Ohne die begleitenden Strukturen einer christlichen Gemeinschaft, die entgegen allen Widerwärtigkeiten an der Hoffnung festhält, hätte so manche Betroffenen nie zur Stabilität gefunden. Wie gut eine solche Seelsorge-Begleitung gelingt, hängt nach meiner Erfahrung von verschiedenen Faktoren ab:

- Schweregrad der Störung (der sich oft dem Einfluss der Betreuer und der Betroffenen entzieht)
- Bereitschaft der betroffenen Person, sich helfen zu lassen
- Tragfähigkeit und Flexibilität des Seelsorgers
- Tragfähigkeit der christlichen Gemeinschaft
- Überbrückung des Spannungsfeldes zwischen menschlichem Verhalten, praktischen Problemen und biblischer Lehre bzw. Interpretation
- Eingestehen von Grenzen bei schweren Krisen und Zusammenarbeit mit dem Arzt
- Vorhandensein von besonderen Betreuungsmöglichkeiten (z.B. Klinik, therapeutische Wohngemeinschaft)

Um diese Fragen noch etwas zu beleuchten, müssen wir verschiedene Aspekte berücksichtigen:

1. Die Natur des menschlichen Herzens, oder: Der Stachel der Schwachen
2. Die möglichen Probleme in der Seelsorge
3. Krankheit oder Besessenheit?
4. Was wünscht sich der Arzt vom Seelsorger?
5. Der Seelsorger als Fels?

DER STACHEL DER SCHWACHEN

Im Buch des Propheten Jeremia findet sich ein eigenartiges Wort über die Natur des menschlichen Herzens. »Es ist das Herz,« heißt es da, »ein trotzig und verzagt Ding; wer kann es ergründen?« Ist das nicht ein Widerspruch in sich? Sind Trotz und Verzagtheit nicht ganz unterschiedliche Qualitäten eines Menschen? Kann sich denn beides miteinander vermengen? Und doch wurde im Verlauf dieses Buches deutlich, dass dieser Satz ganz besonders für Menschen mit einer instabilen Persönlichkeit vom Borderlinetyp gilt. Wie unterschiedlich können sie uns doch begegnen, einmal so verzagt und hilfsbedürftig, und dann wieder so aggressiv, abwertend und fordernd. Tabelle 10-1 gibt ein paar Umschreibungen für die Eigenschaften »trotzig« und »verzagt« wider.

TROTZIG	VERZAGT
- verschlossen	- ängstlich
- abweisend	- deprimiert
- zornig, aggressiv	- leidend
- verletzend	- übersensibel
- wechselhaft, launisch	- sehnsüchtig nach Liebe
- vorwurfsvoll	- resigniert
- anklammernd-fordernd	- enttäuscht
- widerspenstig	- verzweifelt
- manipulativ	- reuevoll

Dieses Spannungsfeld von Trotz und Verzagtheit begegnet uns nicht nur bei Borderlinestörungen, sondern ganz allgemein bei übersensiblen oder neurotischen Menschen. Sie fühlen sich so verletzlich und bedroht, dass sie sich mit einem schweren Panzer der Abwehr wappnen. Keiner soll ihnen zu nahe kommen. Sehen sie sich dann mit Anforderungen und Belastungen des täglichen Lebens konfrontiert, so können sie außerordentlich abweisend, ja sogar aggressiv und verletzend reagieren, und dies trotz aller christlichen Grundwerte. Diese Reaktionsweise kann man auch als den »Stachel der Schwachen« bezeichnen. Eine Frau berichtete mir folgendes: »Ich kannte mich selbst nicht mehr. Aber als mein Mann mich bat, ihn zu diesem Besuch zu begleiten, fühlte ich mich so überfordert, dass ich ihn mit bitteren Vorwürfen und bösen Worten abwies. Da kam ein Unrat aus meinem Herzen und in meinem Wortschatz hoch, den ich sonst bei mir nicht kenne. Nachher tat es mir so leid. Ich verstehe mich nicht mehr! Wie kann man das erklären?«

Gerade die letzte Frage nach der Erklärung birgt Tücken, denen wir uns weiter unten nochmals zuwenden wollen. Wer nicht wahr haben will, dass beides in ihm vorkommen kann – Verzweiflung und trotzige Abwehr, Licht und Schatten, Heiligung und Sünde – der steht leicht in der Gefahr, andere Mächte dafür verantwortlich zu machen, mit allen dramatischen Folgen, die eine solche Deutung nach sich ziehen kann.

Das Wort aus dem Propheten Jeremia erlaubt meines Ermessens keine letzte Erklärung. Aber es beschreibt klar und nüchtern die Möglichkeit, dass jemand so reagieren kann, dass dieser abrupte Wechsel von Verzagtheit zum Trotz, von Minderwertigkeitsgefühlen zu verletzender Aggressivität eine Eigenschaft des menschlichen Herzens ist. Wie man sich der Verantwortung stellen kann, das ist dann auch ein Thema der seelsorglichen Bewältigung.

MÖGLICHE PROBLEME DER SEELSORGE

Es wurde schon angetönt: Das wechselhafte, manchmal dramatische Verhalten von Borderlinepatienten kann zu dramatischen Problemen in der Seelsorge führen. Das Drama der Borderline-Persönlichkeit wird dann zum Drama der Seelsorge. Ich möchte diese Probleme in vier Bereiche unterteilen:

1. Dramatische Deutungen und Beschuldigungen,
2. Dramatische Maßnahmen,
3. Dramatische Überforderung von Betreuern,
4. Dramatische Spaltung von Gemeinschaften.

a) Dramatische Deutungen und Beschuldigungen: Wer nicht in Gelassenheit und Nüchternheit an die wechselhaften Zustände von Borderlinepatienten herangeht, wird sich unweigerlich in einem Gestrüpp von Deutungen und Ursachenzuweisungen verheddern. Gefährdet sind insbesondere jene Betreuer, Therapeuten und Seelsorger, die es sich zum Ziel setzen, mit einfachen

Klischees an die »Wurzeln« vorzustoßen und mit der »Wurzelbehandlung« eine »vollständige Befreiung« zu bewirken. Ob diese Befreiung dann als psychotherapeutischer Prozess oder als »Freiheit der Kinder Gottes« deklariert wird, macht (leider) wenig Unterschied. Am Anfang dramatischer Erklärungen steht meist eine Frage wie die folgende: »Wie ist es möglich, dass jemand in derart kurzer Zeit so unterschiedlich reagiert? Wie ist es möglich, dass es so einschießend zu Albträumen, Depressionen und Selbstmord-Impulsen kommt? Da muss mehr dahinter stecken! Das kann nicht mehr mit natürlichen Dingen zugehen!« Drei Deutungen sind häufig anzutreffen:

Da sind einmal *dramatische Rückschlüsse auf die Eltern*, die möglicherweise weit übers Ziel hinausschießen. Nicht hinter jeder instabilen Persönlichkeit stehen sexuelle Übergriffe des Vaters. Mehrfach habe ich in diesem Zusammenhang seelsorgliche Varianten einer feministischen Hexenjagd auf vermeintlichen Inzest beobachtet. Besonders tragisch ist es, wenn derartige Erkenntnisse durch angeblich vom Heiligen Geist gewirkte »Bilder« gewonnen werden, die dann nicht mehr angezweifelt werden dürfen. Inzest-Vermutungen ohne reale Grundlage helfen weder den betroffenen Frauen noch der Bewältigung ihrer Beziehungen zu den Eltern, ja sie führen sogar zu neuen seelischen Verletzungen.

Andere Seelsorger sehen hinter borderline-artiger Instabilität *unbereinigte Sünden*. Sie neigen der Ansicht zu, jedes Verhalten sei letztlich in Verantwortung der betroffenen Person und jedes Abweichen sei Sünde. Auch wenn es nicht darum geht, instabile Patienten von jeder Verantwortung freizusprechen, so kann das Erklärungskonzept der »Sündhaftigkeit« ein großes Hindernis für eine einfühlsame Begleitung dieser Menschen werden, weil es ihren Nöten und ihren Verletzungen nicht gerecht wird. Natürlich sind auch Borderlinepatienten unvollständige und sündhafte Menschen, aber das erklärt nicht alle ihre Probleme.

Schließlich wird immer wieder die Vermutung geäußert, hinter instabilen Verhaltensmustern stünden *dämonische Kräfte*, eine »okkulte Belastung« oder ein Fluch bzw. eine Verhexung. Damit wird einerseits die Verantwortung für störendes Verhalten abgenommen, andererseits wird es noch über die ohnehin angsterzeugende Instabilität hinaus dämonisch gedeutet, sodass nun neue Ängste entstehen. Dramatisch dokumentiert wurde dies am Fall einer Frau , die anscheinend in ihrer Kindheit sexuell traumatisiert wurde und in ihrem Verhalten viele Anzeichen einer Borderlinestörung zeigte. Sie hatte offenbar eine schwierige Ehe und litt an vielfältigen seelischen und sexuellen Nöten, die sie in dramatischer Weise in die Seelsorge einbrachte. Von ihrem Pastor wurde sie als »besonders dämonische« Person bezeichnet, die unbedingt Befreiung brauche. Ursache für ihre Probleme sei der Geschlechtsverkehr mit ihrem Mann, einem schwarzen Amerikaner, durch den sie von einem Voodoo-Zauber befallen worden sei.

DRAMATISCHE MASSNAHMEN

Dramatische Erklärungen ziehen auch dramatische Maßnahmen nach sich. Gerade Kämpfernaturen in Therapie und Seelsorge neigen dann dazu, eine Befreiung zu erzwingen. Im oben beschriebenen Fall mobilisierte der Pastor einen »Wächtergebetskreis«, der um die Befreiung aus der Macht Satans rang. Als dies nicht ausreichte, wurde eine »Ganzkörpersalbung« organisiert. »Dabei sparten die Beteiligten auch intimste Stellen nicht aus.«

Als der Zustand sich immer noch nicht besserte, wurde einige Monate später eine erneute Dämonenaustreibung organisiert. Der Pastor mit vier Helfern verbrachte 18 Stunden in der Wohnung der Frau, wo sie trotz Widerstand auf die weinende, asthmakranke Frau einredeten, beteten und lautstark geboten, um in einem unablässigen Gebetskampf endlich einen Durchbruch zu erzielen. – Erst einige Jahre später hatte die Frau die Kraft, diese Machenschaften anzuzeigen. Der Tatbestand laut Anklage: »sexuelle Nötigung, Freiheitsberaubung und gefährliche Körperverletzung«.

Zugegeben, es handelt sich hierbei um einen seltenen, wenn auch tragischen Einzelfall, der sicher nicht stellvertretend für alle Formen des Gebetes um Befreiung steht. Er illustriert aber die Gefahr, dass instabile Persönlichkeiten in Seelsorge und Therapie einen Helferkomplex auslösen können, der sich zu einem explosiven Gemisch verdichten kann. Häufig kommt es zu einer regelrechten »Pathodynamik«, zu einem gegenseitigen Aufschaukeln zwischen der ratsuchenden Person und dem Seelsorger. Indem die Betroffene neue Symptome produziert oder einen »baldigen Durchbruch« spürt, vermittelt sie eine weitere Dringlichkeit der Behandlung. Gefährdet sind besonders jene Seelsorger und Therapeuten, die nicht bereit sind, ihre Ansichten und Vorgehensweisen regelmäßig im Austausch mit anderen zu überprüfen (Supervision bzw. Intervision). In ihrer Erlöserfantasie isolieren sie sich zunehmend, scharen aber kleine Gruppen treu ergebener Anhänger um sich und werden zu Gurus, Propheten und Wunderheilern. In diesem Zusammenhang spricht man auch von totalitären Gruppen und Führerfiguren.

Zu den dramatischen Maßnahmen mit schädlichen Auswirkungen gehören alle Vorgehensweisen, die gegen den Willen einer Patientin oder nur durch ständige intensive Überredung (Persuasion) ergriffen werden. Die Einschränkung der Freiheit führt oft noch zu einem weiteren Gefühl der Einengung bis hin zur psychotischen Entgleisung. Hierzu gehört auch die erzwungene Trennung von den Eltern über längere Zeit, wie sie in therapeutischen Gemeinschaften mit totalitären Neigungen praktiziert werden. Eine derartige Isolation grenzt juristisch an Freiheitsberaubung, auch wenn diese mit dem Argument begründet wird, die Eltern seien schließlich diejenigen, die der Person so geschadet hätten, dass sie jetzt Therapie brauche.

Wird wegen einer Suizidalität ein fürsorgerischer Freiheitsentzug notwendig, so ist dieser nur in Kliniken erlaubt, die auch die rechtsstaatlichen Grundlagen erfüllen. Manchmal schämen sich aber Angehörige, dass ihre Tochter in die Klinik soll. Sie versuchen alles zu tun, diesen Schritt zu vermeiden, obwohl Schlaflosigkeit, Erregungszustände, Selbstverletzungen, Suizidversuche und der Drang wegzulaufen eine Überwachung rund um die Uhr erfordern. Seelsorger sollten sich davor hüten, sich in derartige Betreuungen einbinden zu lassen. Die ständige Heimlichtuerei und der eskalierende Machtkampf kann oft zu einer schweren Belastung für alle werden.

ÜBERFORDERUNG UND SPALTUNG

Dramatische Überforderung der Betreuenden, als drittes Problem, ist die logische Folge, wenn zu hohe Erwartungen vorliegen oder zu intensive Gespräche angeboten werden. Der Appell an christliche Nächstenliebe, an die geistliche Vollmacht und an die Sehnsucht nach »Befreiung durch das Wort« darf den Seelsorger und die Seelsorgerin nicht ihre eigenen Grenzen vergessen lassen.

Oft handelt es sich nicht nur um einen geistlichen Kampf, sondern um unreife, überzogene und unersättliche Ansprüche, die im geistlichen Gewande vorgetragen werden. Die hilfesuchende Anklammerung wird dann zur erstickenden Umklammerung. Eine solch intensive Seelsorge kann immer stärkere Forderungen und Abhängigkeiten erzeugen. Mehrfach haben Seelsorger erlebt, dass sie schließlich selbst Schlafstörungen und Ängste entwickelten, sich von Dämonen angegriffen fühlten und manchmal wochen- und monatelang nicht mehr einsatzfähig waren.

d) Als vierte Problematik ist die *dramatische Spaltung von Gemeinschaften* zu nennen, die hier nur noch am Rande erwähnt werden soll. Dabei gibt es zwei Möglichkeiten, nämlich agierende Patienten und agierende Leiter. Manche Borderlinepersönlichkeiten üben eine derartige Macht aus, dass sich in einer Gemeinschaft verschiedene Lager bilden: Da stehen die Nüchternen denjenigen gegenüber, die vom Leiter endlich eine vollmächtige Seelsorge verlangen. Ganze Gebetskreise werden um eine Person herum gebildet.

Manchmal wird die Person sogar von der Leidenden zur Visionärin, die die anderen leitet: »Heute Nacht habe ich eine Engelsbotschaft gehört: Wenn 12 Menschen wirklich treu für mich beten würden, dann könnte der Kampf in 7 Tagen entschieden werden ...« Unschwer lässt sich dabei das Muster wiedererkennen, das zwischen Opferrolle und Machtausübung hin- und herschwankt (vgl. Kapitel 9). Manchmal gibt es auch Leiterpersönlichkeiten mit einer Borderline-Struktur: Sie sind auf der einen Seite gewinnend und mitreißend, aber auch instabil, jähzornig bei Widerspruch. Oft neigen sie dazu, die Gemeinschaft zu spalten in »gute Mitarbeiter« (die ausgebeutet werden) und »Verhinderer des Werkes Gottes«. Solche Konstellationen lassen sie fallweise in kleinen religiösen Gruppen beobachten, die stark auf eine charismatische Persönlichkeit ausgerichtet sind.

KRANKHEIT ODER BESESSENHEIT?

Wer im christlichen Kontext mit Borderlinepersönlichkeiten zu tun hat, kommt nicht um die Frage herum: Krankheit oder Besessenheit? Die Anfrage kommt gar nicht immer von den Seelsorgern, sie wird vielmehr von den Betroffenen an die Theologen herangetragen. Borderlinepatienten leiden z.T. enorm an ihren Stimmungsschwankungen. Wutausbrüche, hasserfüllte Abwertung einer geliebten Person, unkontrollierbare Ängste, Bewusstseinsveränderungen mit Gedächtnislücken, das Reißen nach Drogen oder Sex, Unsicherheiten über die eigene Person, plötzlich einschießende Impulse zur Selbstverletzung – all diese Störungen werden so intensiv erlebt, und doch so fremd, dass man immer wieder hört: *»Das bin ja gar nicht mehr ich selbst. Da ist etwas anderes, ja eine andere Person in mir, die mich bestimmt!«*

Besonders unheimlich ist die Beobachtung, dass manche Borderlinepatienten eine Art »Antenne für die jenseitige Welt«, einen sechsten Sinn haben.

Ein Beispiel: Maria, eine 22-jährige Bibelschülerin träumt, sie werde am nächsten Tag einen Autounfall haben. Doch das war gar nicht möglich, denn sie hatte kein Auto. Am Nachmittag fährt die Klasse in einen Einsatz, doch der Student, der eines der Autos hätte lenken sollen, verknackt sich den Fuß. Und nun wird jemand gesucht, der einen Führerschein hat. Die Wahl fällt auf Maria ... »Ich war von Panik ergriffen. Und wirklich, auf dem Heimweg fuhr ich zu schnell in eine Kurve und kam von der Straße ab. Zum Glück wurde niemand verletzt, aber der Bus war kaputt! Aber was mich viel mehr beschäftigte, war die Frage nach der Vorahnung im Traum. Hatte ich einen Wahrsagegeist?«

Diese Durchlässigkeit in eine andere Welt wurde von dem Okkultismus-Forscher Kurt Koch auch als Medialität bezeichnet. Ich war beim Lesen seiner Ausführungen überrascht, dass er zum Schluss kam, nicht jede Medialität sei okkulter Natur. Koch wörtlich: »Schon manchmal bin ich gefragt worden, ob alle medialen Kräfte einen negativen Charakter haben. Gibt es einen neutralen Streifen? Ich kann nicht mit einem Satz antworten. Es gibt Menschen, die durch Vererbung unbewusst medial sind und es in ihrem Leben nicht entdecken. Diese unbewusste , verborgene Medialität, die nicht in Anspruch genommen wird, ist keine Schuld. Sie wirkt sich aber häufig als Belastung aus.« Offensichtlich kann also eine nervliche Übersensibilität eine erhöhte Sensibilität in diesem Grenzbereich zum Übersinnlichen nach sich ziehen.

Maria war so alarmiert, dass sie einen Seelsorger aufsuchte. Dieser erkannte eine »okkulte Belastung« und führte eine Freibetung durch. Die erste Freibetung erlebte sie als große Hilfe. Sie hatte anscheinend eine Belastung und jetzt wurde durch das Gebet die okkulte Bindung gebrochen. Einige Zeit lang hatte sie Ruhe, doch immer wieder traten ähnliche Vorahnungen auf. Einige Jahre später bildete sich das Vollbild einer Borderlinestörung aus. Wie war nun das Wiederauftreten oder gar die Verschlimmerung der Symptome zu erklären? Waren die Dämonen zurückgekehrt? Diese Frau rang darum, mit Gott in Verbindung zu sein und nach christlichen Maßstäben zu leben. Konnte man da alle Symptome mit dämonischen Kräften erklären?

Wiederholt werde ich von Seelsorgerinnen und Seelsorgern gefragt: »Was ist, wenn ein Mensch freigebetet ist, und er dennoch wieder ähnliche Symptome zeigt? Wie sollen wir dann die Symptome erklären, wie können wir die Person begleiten?« – Immer wieder muss ich dann auf die Gefahren einer einseitigen okkulten Erklärung hinweisen (vgl. oben). Unser Wissen ist Stückwerk, und oft finden wir keine letzte Erklärung für das Leiden unserer Patienten, gerade im Bereich der Instabilität der Persönlichkeit. Auch die Medizin und die Psychologie können keine letzte Erklärung geben und ringen immer wieder um Beschreibungen und Erklärungsmodelle.

Aus diesem Grunde neige ich dazu, nicht immer nach den Ursachen zu fragen, sondern das Augenmerk auf die Frage zu legen: Wie kann ich die betroffenen Menschen in ihrer Not ernst nehmen, ihnen Gegenüber sein, und ihnen helfen, besser mit ihren Störungen umzugehen. Dazu wurde in den letzten zwei Kapiteln schon viel gesagt. Wie gehe ich nun aber mit Menschen um, die selbst die okkulte Erklärung ins Gespräch bringen, oftmals von großen Ängsten besetzt? Hier gilt es nüchtern und bescheiden zugleich zu sein. Hilfreich ist hier ein genaues Betrachten derjenigen Störungen, die als okkult erlebt werden. Ich erkläre dann, dass Albträume, Flashbacks und Stimmungsschwankungen natürliche Reaktionen des menschlichen Geistes sind, mit schweren Erfahrungen umzugehen. Manchmal treten sie auch ohne solche Traumata als Ausdruck einer starken seelischen Anspannung auf. Ängste können sich manchmal durch schreckliche Bilder ausdrücken, die wir vernunftmäßig gar nicht verstehen. Aber sie müssen deshalb nicht gleich dämonisch sein.

Auch psychosomatische Reaktionen dürfen nicht gleich dämonisch gedeutet werden, selbst wenn sie von den Betroffenen in so dramatischer Form erlebt werden. Auch wenn jemand den Eindruck hat, in der Nacht sitze ihr der Teufel auf der Brust, so handelt es sich dabei um ein Engegefühl, das viele Menschen in Depressionen und Angstzuständen erleben. Ein solches Entkoppeln von Erfahrung und dämonischer Deutung hat oft therapeutische Wirkung: Die Betroffenen erleben dann nur schon durch den Zuspruch eine Beruhigung, manchmal bedarf es vorübergehend einer zusätzlichen Medikation.

ZUSAMMENARBEIT VON ARZT UND SEELSORGER

Welche Wünsche hat der Arzt an den Seelsorger? Was wäre für eine gute Zusammenarbeit wünschenswert? Wie schon erwähnt, gibt es Borderlinepatienten, die sich ein ganzes Netz von Betreuern aufbauen, Lehrer, Sozialarbeiter, Ärzte, Seelsorger, engagierte Laien. Manchmal handelt es sich aber nicht mehr um ein tragfähiges Netz, sondern eher um ein Knäuel, aus dem sich am liebsten alle verabschieden würden.

Beim Arzt klagt die Betroffene darüber, dass sie vom Sozialarbeiter in eine therapeutische Wohngemeinschaft gezwungen werde, obwohl dies eine Wiederholung des autoritären Gehabes des Vaters sei. Beim Seelsorger kritisiert sie die liberalen Ansichten des Lehrers bezüglich sexueller Beziehungen, und beim Sozialarbeiter beschwert sie sich darüber, dass der Seelsorger sie mit Bibelsprüchen abspeise und alles aus seiner christlichen Enge heraus sehe. Und bei einer gastfreundlichen Familie in der Gemeinde vermittelt man den Eindruck, endlich kümmere sich jemand um sie, nachdem sich bisher alle nur hinter ihrer beruflichen Helferrolle versteckt hätten.

Auf der einen Seite ist es ja eine beachtliche Leistung, so viele Leute für sich aktivieren zu können. Aber als Arzt ist man zeitlich oft nicht in der Lage, ein solches Beziehungsknäuel zu entwirren. Nach einer Abklärung der Situation frage ich die Patientin, zu wem sie Vertrauen hat. Manchmal ist es eine Sozialarbeiterin, manchmal ein verständnisvoller Lehrer. Nicht selten gibt es aber auch wichtige Bezugspersonen in ihrer Gemeinde, sei dies ein Pfarrer, ein Gemeindehelfer oder eine therapeutische Seelsorgerin. Die Zusammenarbeit kann nun darin bestehen, dass man sich einmal zu dritt zusammensetzt und mit der Betroffenen ihre Bedürfnisse klärt.

Man muss ihr dabei auch klar machen, dass sie sich mit ihrem Agieren gerade jener Stabilität beraubt, nach der sie sich eigentlich sehnt. Oft ist es für den Arzt eine große Hilfe, wenn der Seelsorger die Aufgabe übernimmt, die äußeren Belange wie Wohnung, Arbeit oder Sozialhilfe zu organisieren, und der Person zudem regelmäßige Gespräche anzubieten, die die Abstände zwischen den ärztlichen Konsultationen überbrücken. Vielleicht existiert in der Gemeinde sogar ein kleines Netz geschulter Helfer, die den Pfarrer in dieser Aufgabe unterstützen. Solche Schulungen werden heute ja von verschiedenen Organisationen angeboten. Dabei erwarte ich von einer seelsorglichen Schulung, dass sie den Seelsorgern nicht nur geistliche Impulse gibt, sondern auch ganz praktische Verständnishilfen für die psychischen Nöte instabiler Menschen.

DER SEELSORGER ALS FELS?

Ich brauche gerne das Bild vom Seelsorger als einem Felsen. Dabei wird mir zunehmend bewusst, dass damit ein hoher Anspruch an Seelsorgerinnen und Seelsorger gestellt wird – vielleicht zu hoch. Letztlich sollte Gott ja der Fels sein, die Burg, der Zufluchtsort. Und dennoch sind therapeutische Seelsorgerinnen und Seelsorger Wegweiser auf diesen großen Felsen hin. Sie dürfen selbst dort anlehnen und ablegen. Wenn ich vor mir das Bild eines Felsen sehe, so steht er kräftig in der Brandung des Meeres, in der Tiefe verankert und trotz aller Wellen verlässlich da. Er erfüllt drei wesentliche Funktionen. Er bietet Halt in den Wogen und lässt sich nicht umherwerfen wie eine Boje. Er gewährt Schutz unter einem überhängenden Dach, und er reicht schließlich als ein Ufer hinein in die Fluten als Brücke zwischen den Wellen und dem festen Land.

Wenn der Seelsorger die Funktion des Halts Haltefunktion wahrnimmt, so bedeutet das, dass er die Person in ihrem Leiden ernst nimmt, ihr aber auch mit nüchterner Gelassenheit entgegentritt und ihr in den tosenden Wogen ihrer Empfindungen die nötigen Grenzen setzt. Die Seelsorgerin als haltender Fels kann nicht zur »Ersatzmutter« werden und sie kann auch nicht die tiefen seelischen Wunden heilen. Sie kann allenfalls anfangen, der Person wieder zu einem inneren Gerüst zu verhelfen. Dabei muss sie nicht rund um die Uhr verfügbar sein. Auch Seelsorgerinnen dürfen sich die Frage stellen: »Warum muss ich immer helfen?«.

Manchmal muss man auch nein sagen können zu überzogenen Ansprüchen, auch als Christ. Ich bin immer wieder beeindruckt von dem zielgerichteten Selbstbewusstsein der fünf klugen Jungfrauen im Gleichnis Jesu. Als Mitternacht herannaht, kommen die fünf törichten Mädchen zu ihnen und bitten sie um Öl für ihre Lampen. Wäre das nicht eine hervorragende Gelegenheit gewesen, ihnen etwas vom Großmut Gottes zu zeigen, ihnen ein Zeugnis zu sein? Die Antwort überrascht mich immer wieder: »Nein, sonst würde es für uns und euch nicht genug sein; geht aber zum Kaufmann und kauft für euch selbst.« Ich wünschte, dass mehr Seelsorgerinnen und Seelsorger den Mut hätten, in dieser klaren Weise ihre Grenzen einzugestehen. Sie stärken damit nicht nur ihre eigene Aufgabe als Fels, sondern sie vermitteln damit auch einer Borderlinepatientin das Ziel, Eigenverantwortung in der Verantwortung vor Gott und den Menschen zu übernehmen.

Die Schutzfunktion des Felsens bedeutet die Bereitschaft, da zu sein und soweit Schutz und Hilfe anzubieten, wie dies die Person im Moment braucht und annehmen kann. Dabei gilt es auch festzubleiben trotz unreifer Abwehrreaktionen; verlässlich zu sein, ohne die Person zu verstoßen, aber auch ohne sie zu verwöhnen. So eine Felsenhöhle ist nicht unbedingt kuschelig, aber sie kann wenigstens solange Schutz geben bis die Person selbst in der Lage ist, sich wieder ein warmes Umfeld aufzubauen.

Und schließlich ist da die Funktion des Ufers: Das Ufer reicht hinein in die tosenden Wellen. Es ist da, ob das Wasser hoch ist oder niedrig. Das Ufer bietet festen Grund und gibt Gelegenheit, aus der Unsicherheit und Bodenlosigkeit aufs feste Land weiterzugehen. Wenn also ein Seelsorger Uferfunktion wahrnimmt, so begleitet er die Betroffenen trotz ihrer Abhängigkeitswünsche in die Selbstständigkeit und ermutigt sie auf diesem Weg.

BORDERLINE-SEELSORGE ALS GRENZERFAHRUNG

Das Bild vom Fels hinkt natürlich in mancherlei Hinsicht. Denn therapeutische Seelsorger sind ja nicht nur unbewegliche Klötze in der Brandung, sie sind Menschen, mit all ihren Stärken und ihren Schwächen. Die seelsorgliche Begleitung von Borderline-Patienten kann auch für den Seelsorger zur Grenzerfahrung werden:

Da ist einmal die Grenzerfahrung des Bösen in dieser Welt: vielleicht ist man selbst behütet aufgewachsen, und nun tut man einen Blick in die Nöte anderer Menschen, in die Abgründe von zerbrochenen Familien, sexuellem Missbrauch und menschlicher Brutalität. Oft muss der Seelsorger selbst vor Gott ausschütten, was er in den Gesprächen mit Betroffenen hört, sich neue Kraft schenken lassen in diesen dunklen Stunden, sich festhalten an Gott, um nicht an der Frage nach dem Sinn zu verzweifeln.

Manche erfahren in diesen Situationen aber auch die Grenzen einer einseitig orientierten Seelsorge. Das Wesen biblischer Seelsorge enthält viel mehr als nur Aufforderungen zu einem geordneten Leben. Seelsorgerinnen, die mit Borderline-Patientinnen arbeiten, merken, dass es mit bloßen Ermahnungen nicht getan ist, so biblisch diese auch sein mögen. Seelsorge bedeutet auch zu trösten und die seelischen Unebenheiten und Nöte von Borderlinepatienten zu tragen, wenn sie selber nicht mehr können. Erst aus diesem Mitgehen und Mitfühlen kann dann auch wieder der Ruf zu einem verantwortlichen Leben erfolgen.

Eine besonders schmerzliche Grenzerfahrung ist die Wahrnehmung, dass Menschen mit einer Borderlinestörung trotz ihres Glaubens manchmal den Idealen eines christlichen Lebens nicht gewachsen sind. Für einen Gemeindeleiter ist es schwer zu sehen, dass es stürmische Beziehungen, ja sogar Scheidungen auch bei Christen geben kann. Je besser man die Vorgeschichte der Menschen kennt, umso schwerer wird es, sie einfach zu verurteilen, weil sie nicht mehr in den Raster des christlichen Normalmaßes passen. Das Spannungsfeld zwischen Barmherzigkeit für die Einzelperson und Wegweisung für eine Gemeinschaft kann oft außerordentlich belastend sein.

Und so wird für manche die Arbeit mit Borderlinern auch zu einer Erfahrung ihrer eigenen Grenzen. Hier gilt das Wort von Romano Guardini: *»Der Sinn des Menschen ist lebendige Grenze zu sein und dieses Leben der Grenze auf sich zu nehmen und durchzutragen. Ein Bruch nach beiden Seiten hin: Sein Weg in die Natur gebrochen, dadurch, dass er unter der Verantwortung Gottes steht. Sein Weg zu Gott gebrochen dadurch, dass er nur Geschöpf ist. Erst im Kreuz Christi liegt die Lösung für die Not der Schwermut.«*

Letztlich kann aber nicht die Seelsorgerin allein sich unter die Last stellen, die einem Menschen auferlegt ist. Immer wieder darf er auch davon ausgehen, dass einem Menschen mit einer Borderlinestörung mehr Selbsthilfekräfte gegeben sind, als sie sich in ihren Abhängigkeitswünschen oft eingestehen wollen. Und doch gilt es immer wieder auf Jesus zu blicken, der uns anbietet »Kommt her zu mir, die ihr mühselig und beladen seid. Ich will euch erquicken. Nehmt auf euch mein Joch und lernt von mir, denn ich bin sanftmütig und von Herzen demütig.« Da liegt Hoffnung: Er stellt sich mit uns unter das Joch, unter das Kreuz unseres Lebens. Wir müssen nicht allein schleppen, er geht mit!

Diese Hoffnung gilt auch für Borderlinepatienten. Der Glaube kann den Sturm in ihrem Herzen stillen, kann ihr Lebensboot in ruhigere Gewässer führen und ihnen aus der Angst vor dem Versinken neuen Halt geben und ihnen den Weg ans Ufer in ein neues stabilisiertes Leben weisen.

A Literatur

Im Folgenden finden Sie die Literatur, die für dieses Buch verwendet wurde. Seit damals wurden natürlich wieder neue Bücher publiziert. Eine gute Auswahl findet sich auf der Webseite www.awp-zuerich.ch. Weitere HInweise auf Literatur und Therapieangebote finden sich hier: www.dachverband-dbt.de/index.php/dbt-therapieangebote

Allen, J. & Fonagy P., Hrsg. (2009): Mentalisierungsgestützte Therapie: Das MBT-Handbuch - Konzepte und Praxis. Stuttgart (Klett-Cotta).

American Psychiatric Association (1994): Diagnostic and Statistical Manual of Mental Disorders (4th. edition) DSM IV. Deutsche Bearbeitung und Einführung von Wittchen H.U., Saß H., Zaudig M., Koehler K. (1996) Diagnostisches und statistisches Manual psychischer Störungen, DSM-IV. Weinheim, Basel (Beltz).

Andreasen, N.C. & Black, D.W. (1993): Lehrbuch Psychiatrie. Weinheim-Basel (Beltz).

Arbeitskreis Biblische Seelsorge, Hrsg. (1993): Sexuelle Gewalt an Kindern. Brennpunkt Seelsorge, Heft 3/93 .

Bachmann, K.M. & Ziemert, B. (1995): Sexueller Mißbrauch in der Psychotherapie. Der Nervenarzt 66:550–553.

Backus und Chapian, M. (1980): Befreiende Wahrheit. Praxis Kognitive Seelsorge. Hochheim (Projektion J).

Bernstein, E.M. & Putnam, F.W. (1986): Development, reliability and validity of a dissociation scale. Journal of Nervous and Mental Diseases 174:727–735.

Blum N.et al. (2008). Systems Training for Emotional Predictability and Problem Solving (STEPPS) for Outpatients With Borderline Personality Disorder: A Randomized Controlled Trial and 1-Year Follow-Up. American Journal of Psychiatry 165: 468 - 478.

Bohus, M. & Berger, M. (1996). Die dialektisch-behaviorale Psychotherapie nach M. Linehan. Ein neues Konzept zur Behandlung von Borderline-Persönlichkeitsstörungen. Nervenarzt 67:911–923.

Bohus, M. & Höschel K. (2006). Dialektisch Behaviorale Psychotherapie. In: A. Remmel, Hrsg., Handbuch Körper und Persönlichkeit. Stuttgart (Schattauer Verlag), S. 255-271.

Bohus, M. & Schmal C. (2009). Psychopathologie und Therapie der Borderline-Persönlichkeitsstörung. Deutsches Aerzteblatt - cme.aerzteblatt.de/kompakt 2009 (1): 20a (Zugriff am 08.12.2009).

Bohus, M. & Wolf M. (2009): Interaktives Skills-Training für Borderline-Patienten. Stuttgart (Schattauer).

Bohus, M., Schmahl C. & Lieb K. (2004): New developments in the neurobiology of borderline personality disorder. Current Psychiatry Reports 6: 43–50.

Brunner R, Parzer P, Haffner J et al.: Prevalence and Psychological Correlates of Occasional and Repetitive Deliberate Self-Harm in Adolescents. Archives of Pediatric and Adolescent Medicine 2007; 161: 641–9.

Casey, J.F. (1992): Ich bin viele - Eine ungewöhnliche Heilungsgeschichte. Reinbek (Rowohlt).

Chase, T. (1992): Aufschrei. Bergisch-Gladbach (Bastei-Lübbe).

Clarkin J.F. et al. (2007). Evaluating three treatments for borderline personality disorder: A multiwave study. American Journal of Psychiatry 164:922-928.

Conte, H.R., Plutchik, R., Karasu, T.B., Jerrett, I. (1980): A self-report borderline scale. Discriminative validity and preliminary norms. Journal of Nervous and Mental Disease 168:428–435.

Coons, P.M. (1984): The differential diagnosis of multiple personality: a comprehen¬sive review. Psychiatric Clinics of North America 7:51–67.

Dieterich, M. & Dieterich, J., Hrsg. (1996): Wörterbuch Psychologie und Seelsorge. Wuppertal (Brockhaus).

Dulz, B. & Schneider, A. (1995): Borderline-Störungen. Stuttgart (Schattauer).

Dulz, B. & Welge, A. (2003): Zur medikamentösen Anxiolyse bei Borderline-Patienten. Persönlichkeitsstörungen 7:253-262.

Ellenberger, H.F. (1970/1985): Die Entdeckung des Unbewußten. Zürich (Diogenes).

Enders, U., Hrsg. (1995): Zart war ich, bitter war's. Köln (Kíepenheuer & Witsch).

Ernst, C. (1995): Inzest und sexueller Mißbrauch in der Kindheit. In: Faust, V., Hrsg.: Psychiatrie. Stuttgart (Gustav-Fischer-Verlag).

Favazza, A.R. & Conterio, K. (1989): Female habitual self mutilators. Acta Psychiatrica Scandinavica 79:283–289.

Fiedler, P. (2006). Trauma, Dissoziation, Persönlichkeit. München (Dustri).

Finkelhor, D. (1984): Child sexual abuse. New theory and research. New York (Free Press).

Frank J.D. (1997). Die Heiler. Wirkungsweisen psychotherapeutischer Beeinflussung. Stuttgart (Klett-Cotta).

Friesen, J.G. (1991): Uncovering the mystery of MPD. San Bernardino, CA (Here is Life Publishers).

Gabbard G.O. & Horowitz M.J. (2009). Insight, transference interpretation, and therapeutic change in the dynamic psychotherapy of borderline personality disorder. American Journal of Psychiatry 166:517-521.

Giesen-Bloo J et al. (2006). Outpatient psychotherapy for borderline personality disorder: randomized trial of schema-focused therapy vs. transference-focused therapy. Archives of General Psychiatry 63:649-658.

Gneist J. (1994): Wenn Haß und Liebe sich umarmen. Das Borderline-Syndrom. Ein Psychodrama unserer Zeit. München (Piper).

Goldman, S.J., D'Angelo, E.J., DeMaso, D.R. (1993): Psychopathology in the families of children and adolescents with borderline personality disorder. American Journal of Psychiatry 150:1832–1835.

Goldstein, R.B., Black, D.W., Nasrallah, A. & Winokur, G. (1991): The prediction of suicide. Archives of General Psychiatry 48:418–422.

Grinker, R.R., Werble, D. & Drye, R.C. (1968): The Borderline Syndrome: A Behavioral Study of Ego-Functions. New York (Basic Books).

Guardini, R. (1983): Vom Sinn der Schwermut. Mainz (Grünewald).

Gunderson J.G. (1981/1985) Diagnostisches Interview für das Borderlinesyndrom. Weinheim-Basel (Beltz).

Gunderson, J.G. & Singer, M.T. (1975): Defining borderline patients: an overview. American Journal of Psychiatry 132:1–10.

Gunderson, J.G. (2009). Borderline personality disorder: ontogeny of a diagnosis. American Journal of Psychiatry 166:530-539.

Heitritter, L. & Vought J. (1989). Helping victims of sexual abuse. Minneapolis MN (Bethany House Publishers).

Herman, J.L., Perry, J.C. & van der Kolk, B.S. (1989) Childhood Trauma in Borderline Personality Disorder. American Journal of Psychiatry 146:490–495.

Herpertz S. & Saß H. (1994): Offene Selbstbeschädigung. Der Nervenarzt 65:296–306.

Heyne, C. (1991): Tatort Couch. Sexueller Mißbrauch in der Therapie. Zürich (Kreuz).

Hirsch, M. (1994): Realer Inzest. Psychodynamik des sexuellen Mißbrauchs in der Familie. Berlin (Springer).

Huber, M. (1995): Multiple Persönlichkeiten. Überlebende extremer Gewalt. Ein Handbuch. Frankfurt (Fischer).

Huber, M. (2009): Trauma und die Folgen. Trauma und Traumabehandlung. 4. Auflage. Paderborn (Junfermann).

Kernberg O. (2006). Schwere Persönlichkeitsstörungen: Theorie, Diagnose, Behandlungsstrategien. Stuttgart (Klett-Cotta).

Kernberg, O.F. (1975/2009): Borderline-Störungen und pathologischer Narzißmus. Frankfurt (Suhrkamp).

Knuf A. & Tilly C. (2004). Borderline: Das Selbsthilfebuch. Bonn (Psychiatrie-Verlag).

Knuf A., Hrsg. (2005). Leben auf der Grenze. Erfahrungen mit Borderline. Bonn (Psychiatrie-Verlag).

Koch, K. (1982): Seelsorge und Okkultismus. Medialität aus der Sicht der Seelsorge. Basel (Brunnen).

Kreisman, J., & Straus, H. (1989): Ich hasse dich, verlaß mich nicht. München (Kösel).

Kroll, J. (1988): The challenge of the borderline patient. Norton, New York (Norton).

Kroll, J. (1993): PTDS / Borderlines in therapy. Finding the balance. Norton, New York. (Norton).

Leitner, P. & Serfling, R. (1993): Die Stellung der Psychopharmakatherapie in der Behandlung der Borderline-Persönlichkeitsstörung. Psychiatrische Praxis 20:207–210.

Linehan M.M. et al. (2007). Two year randomized controlled trial and follow-up of dialectical behaviour therapy vs. therapy by experts for suicidal behaviors and borderline personality disorder. Archives of General Psychiatry 63:757-766.

Linehan, M.M. (1996). Trainingsmanual zur Dialektisch-Behavioralen Therapie der Borderline-Persönlichkeitsstörung. CIP-Medien, München.

Linehan, M.M. (1996): Dialektisch-behaviorale Psychotherapie der Borderline-Störung. München: (CIP-Medien).

Linehan, M.M. et al. (2007). Two year randomized controlled trial and follow-up of dialectical behaviour therapy vs. therapy by experts for suicidal behaviors and borderline personality disorder. Archives of General Psychiatry 63:757-766.

Lison, K. & Poston, C.: Weiterleben nach dem Inzest. Frankfurt a. M. (Fischer) 1995.

Loftus, E. & Ketcham K. (1995): Die therapierte Erinnerung. Hamburg (Klein).

Ludolph, P.S., Westen, D., Misle, B., Jackson, A., Wixom, J. & Wiss, F.C. (1990): The Borderline Diagnosis in Adolescents: Symptoms and Developmental History. American Journal of Psychiatry 147:470–476.

Miller, S.G. (1994): Borderline Personality Disorder from the Patient's Perspective. Hospital and Community Psychiatry 45:1215–1219.

Oldham, J.M. (2009). Borderline personality disorder comes of age. American Journal of Psychiatry 166:509-511.

Pfeifer, S. (1994a): Belief in demons and exorcism. An empirical study of 343 psychiatric patients in Switzerland. British Journal of Medical Psychology 67:247-258.

Pfeifer, S., Brenner, L. & Spengler W. (1994b): Störung mit multipler Persönlichkeit. Beschreibung von zwei Fällen und Entstehungsmodell. Der Nervenarzt 65:623-627.

Pfitzer, F., Rosen, E., Esch, E. & T. Held (1990): Stationäre psychiatrische Behandlung von Borderline-Patienten. Der Nervenarzt 61:294–300.

Pike, P.L. & Mohline, R.J. (1995) Ritual abuse and recovery: Survivors' personal accounts. Journal of Psychology and Theology 23:45–55.

Post, R.M. (1992): Transduction of psychosocial stress into the neurobiology of recurrent affective disorder. American Journal of Psychiatry 149:999–1010.

Putnam, F.W. (1989): Diagnosis and Treatment od Multiple Personality Disorder. New York (Guilford).

Raupp, U. & Eggers C. (1993): Sexueller Mißbrauch von Kindern. Eine regionale Studie über Prävalenz und Charakteristik. Monatsschrift der Kinderheilkunde 141: 316–322.

Rohde-Dachser, C. (1989): Das Borderline-Syndrom. Bern (Verlag Hans Huber).

Rosik, C.H. (1995): The misdiagnosis of multiple personality disorder by christian counselors: Vulnerabilities and safeguards. Journal of Psychology and Theology

Ross, C. (1989): Multiple Personality Disorder. Diagnosis, Clinical Features, and Treatment. New York (John Wiley & Sons).

Rutschky K. (1992): Erregte Aufklärung. Hamburg (Klein).

Sachsse, U. (2002): Selbstverletzendes Verhalten. Psychodynamik-Psychotherapie. Das Trauma, die Dissoziation und ihre Behandlung. Göttingen (Vandenhoeck & Ruprecht).

Sanford, P. (1992): Opfer des sexuellen Mißbrauchs. Hintergründe und Wege zur Heilung. Solingen (Bernhard).

Saß, H. & Koehler, K. (1983): Borderlinestörungen: Grenzgebiet oder Niemandsland? Zur klinisch-psychiatrischen Relevanz von Borderline-Diagnosen. Der Nervenarzt 54:221–230.

Saum-Aldehoff, T. (1996): Die 100 Gesichter der Hysterie. Streit um die Modediagnose »Multiple Persönlichkeitsstörung«. Psychologie Heute, April 1996, S. 34–40.

Schreiber, F.R. (1992): Sybil. Persönlichkeitsspaltung einer Frau. Frankfurt (Fischer).

Shorter, E. (1994): Moderne Leiden. Zur Geschichte der psychosomatischen Krankheiten. Reinbek (Rowohlt).

Sigmund, D. (1994): Die Phänomenologie der hysterischen Persönlichkeitsstörung. Der Nervenarzt 65:18–25.

Silk, K.R. et al. (1995): Borderline personality disorder symptoms and severity of sexual abuse. American Journal of Psychiatry 152:1059–1064.

Stauss, K. (2003): Neue Konzepte zum Borderline-Syndrom. Stationäre Behandlung nach den Methoden der Transaktionsanalyse. Das Grönenbacher Modell. Paderborn (Junfermann).

Steinert, T. & Schmidt-Michel, P.O. (1995): Borderlinestörung und Schizophrenie. Immer noch ein diagnostisches Problem. Der Nervenarzt 66:858–863.

Stern, A. (1938): Psychoanalytic investigation of and therapy in the borderline group of neuroses. Psychoanalytic Quarterly 7:467–489.

Tantam, D. & Whittaker, J. (1992): Personality disorder and self-wounding. British Journal of Psychiatry 161:451–464.

Thompson, A. E. & Kaplan, C.A. (1996): Childhood Emotional Abuse. British Journal of Psychiatry 168:143–148.

Thurmann, C. (1994): Lügen, die wir glauben. Asslar (Schulte & Gerth).

Van der Voet, N. (1995): Warum muß ich immer helfen? Über Selbstbehauptung und Selbstverleugnung. Wuppertal (Brockhaus).

Veeser, W., Hrsg. (1991): Biblisch-therapeutische Seelsorge und Okkultismus. Neuhausen (Hänssler).

Weltgesundheitsorganisation (1991): ICD-10. Internationale Klassifikation psychischer Störungen. Kapitel V (F). Übersetzt und herausgegeben von Dilling H., Mombour W., Schmidt M.H. Bern-Göttingen-Toronto (Huber).

Wetzels P.(1994): Sexueller Mißbrauch: Neue Zahlen. Psychologie heute, Juli 1994, S.66.

Wirtz, U. (1989): Seelenmord. Inzest und Therapie. Zürich (Kreuz).

Zanarini, M.C. et al. (1990): Discriminating borderline personality disorder from other axis II disorder. American Journal of Psychiatry 147:161–167.

Zanarini, M.C. et al. (2006). Prediction of the 10-Year Course of Borderline Personality Disorder. American Journal of Psychiatry 163:827-832.

Borderline – aktuelle Literatur 2021

Stoffers-Winterling Jutta, Krause-Utz Annegret, Lieb Klaus, Bohus Martin (2021). Was wissen wir heute über die Borderline-Persönlichkeitsstörung? Aktuelles zu Ätiologie, Diagnostik und Therapie. Nervenarzt 92:643-652.

Claudia Mehl

Würde, Liebe und Moral

Liebe als Schlüsselelement für moralisch motiviertes Handeln

Hardcover, gebunden, 100 Seiten

ISBN 978-3-906959-49-8

«Kant wollte die Moral auf die Vernunft gründen. Zu flüchtig, fand er, seien unsere Neigungen, als dass man sich in dieser Hinsicht auf sie verlassen könnte. Nicht wenige Philosophinnen und Philosophen sind heute allerdings der Ansicht, dass wir dem Phänomen der Moral nur gerecht werden, wenn wir das Geflecht der Beziehungen, in die sie eingebettet ist, und die damit verbundenen Emotionen verstehen und berücksichtigen. An ihre Überlegungen knüpft Claudia Mehl an. Sie beleuchtet den im Zentrum der christlichen Ethik stehenden Begriff der Liebe und fragt danach, was es mit dem heute immer wieder beschworenen Begriff der Menschenwürde auf sich hat.»

Dr. Stefan Grotefeld
Kirchenratsschreiber, Reformierte Landeskirche Zürich

Melanie & Markus Giger

Mitten im Sturm

LEBEN, GLAUBEN, LIEBEN
In guten und in anderen Zeiten

Softcover, farbige Bilder,
132 Seiten
ISBN 978-3-906959-47-4

Schonungslos ehrlich nehmen uns die Autoren mit auf ihren Weg nach dem überraschenden Tod ihres Sohnes Micha und die damit verbundene Trauer. Verletzlich und offen lassen sie die Lesenden teilhaben an ihrer Zeit durch einen Schmerz hindurch, der eigentlich nicht auszuhalten ist. Sie beantworten auf diesem Weg Fragen, die man als Mittrauernder hat, aber nicht zu stellen wagt:

Wie haben sie es geschafft zu überleben? Was hat ihnen geholfen als Ehepaar zusammenzubleiben? Können sie noch an einen gütigen Gott glauben? Überwindet man je diesen Verlustschmerz?

Dieses Buch ist ein Trost für Trauernde, ein Kompass in Glaubenskrisen, eine Schatzkiste für Wegbegleiter und ein Mutmacher für Ehepaare in überfordernden Lebenssituationen.

Sr. Elisabeth Merz

Kennst du deine Schafe?

Die Schafe deiner Seelenweide?

Ein Weg vom Bekämpfen zum Integrieren

Softcover, 116 Seiten

ISBN 978-3-906959-48-1

«Wer in viele Lebensgeschichten von Menschen hineinhören konnte, der merkt bald: Was in der Schafherde so leichtfüßig daherkommt, hat große Tiefe.»

Hans-Rudolf Bachmann

Schwester Elisabeth Merz lebt seit 1997 als Schwester in der Kommunität Diakonissenhaus Riehen. Sie arbeitet teilzeitlich als Lehrerin und in der Seelsorgearbeit von Ellel Ministries Schweiz.

Pfr. Dr. Beat Weber

«Wenn keine Religion mehr ist, da geht alles auseinander ...»

Den anderen Jeremias Gotthelf neu zu Wort kommen lassen

Hardcover, gebunden, 188 Seiten
ISBN 978-3-906959-39-9

Jeremias Gotthelf ist bekannt durch seine großartigen Erzählungen. Er hat uns Menschen und Geschehnisse aus dem Emmental lebendig vor Augen gemalt. Später sind die bekanntesten seiner Werke verfilmt worden. Trotz veränderten Zeiten finden wir uns auch heute noch in den prägnanten Charakteren wieder. Dabei zeigt sich ein großes Spektrum von gutem und problematischem Verhalten: von Geiz bis Großzügigkeit, von Eigensinn bis Hingabe, von Hinterlist bis Treue. Dazu gehören in Gotthelfs deftiger Sprache kräftige Ausdrücke und eine gehörige Portion Humor.

Max Hartmann

Zurück im Leben

Die Geschichte meiner Depression

Softcover mit Bildern, farbig,
256 Seiten
ISBN 978-3-906959-50-4

Dieses Buch gibt Einblick in meine persönliche Geschichte. Es zeigt die Entwicklung von der ersten Ahnung bis zur Erkenntnis: Ich leide an einer Depression und muss mich behandeln lassen. Und es zeigt den Weg zurück zum Leben. Die Erkenntnis der Wurzeln, ein erstes Vorwärts und der erneute Absturz bis zur verzweifelten Frage: Hört das denn niemals auf? Hilfreich erwies sich eine vielfältige und ganzheitliche Behandlung über viele Monate. Heute steht die Erhaltung der neuen Kraft und ein veränderter Weg im Vordergrund.

Dieses Buch ist kein Ratgeber. Es ist ein Buch der Hoffnung. Der Titel bezieht sich auf Psalm 31,8: «Du zeigst mir den Weg zum Leben.» Diese Worte sind mir zum persönlichen Bekenntnis geworden.

Mit Vorworten von Dr. Debora Sommer (Theologin, Dozentin, Autorin und Referentin) und Dr. med. Walter Meili (Psychiater und Psychotherapeut).

SEMINARHEFTE
Psychiatrie, Psychotherapie & Seelsorge
Verstehen – Beraten – Bewältigen

In dieser Heftreihe werden einzelne Themen umfassend und doch in knapper Form dargestellt. Auf wenigen Seiten finden sich die wesentlichsten Informationen über Häufigkeit, Ursachen, Folgen, Entstehungsformen und Behandlungs- und Bewältigungsmöglichkeiten der einzelnen Erkrankungen. Zudem wird eine Übersicht über weiterführende Literatur gegeben.

- **Angst** | ISBN 978-3-906959-59-7
- **Zwang und Zweifel** | ISBN 978-3-906959-58-0
- **Depression** | ISBN 978-3-906959-54-2
- **Stress und Burnout** | ISBN 978-3-906959-64-1
- **Sensibilität** | ISBN 978-3-906959-56-6
- **Alternativmedizin** | ISBN 978-3-906959-60-3
- **Psychosomatik** | ISBN 978-3-906959-61-0
- **Schlafen und Träumen** | ISBN 978-3-906959-62-7
- **Internetsucht** | ISBN 978-3-906959-63-4
- **Trauma** | ISBN 978-3-906959-57-3
- **Borderline** | ISBN 978-3-906959-53-5
- **Schizophrenie** | ISBN 978-3-906959-55-9